海賊の日本史

山内 譲

講談社現代新書

2483

はじめに——海賊とはなにか

　これから、日本史上に現れる海賊の歴史をたどってみようと思う。

　だがじつは、これがなかなか簡単ではない。海賊についてのイメージが読者によってかなり異なっているのではないかと想像されるからである。

　読者の皆さんは、海賊という言葉を聞いて何を思い浮かべられるだろうか。若い人なら、何年か前に評判になり、今もシリーズ化が続いている映画『パイレーツ・オブ・カリビアン』や、長期間にわたって高い人気を博しているアニメ『ＯＮＥ　ＰＩＥＣＥ』を思い浮かべる人が多いのではないだろうか。もちろんこれらは日本史上の海賊ではないから本書の叙述の対象からは除かざるを得ないが、しかし、これらの物語の主人公であるパイレーツに関しては、叙述の対象から除くだけではすまない厄介な問題がまとわりついている。海賊とパイレーツのイメージとの混同である。

　明治から大正時代にかけて『ピーターパン』や『宝島』などのパイレーツの物語が日本にはいってきた時、この「パイレーツ」という語を「海賊」と翻訳したために混乱が生じてしまった。なぜなら、海賊は日本史上に実在する海上勢力で、大西洋やカリブ海で活動したパイレーツとはまったく異なる歴史的背景を有する存在だからだ。したがって海賊をパイレーツのイメージに当てはめてみるのは正しくないということを、最初に断っておきたいと思う。[1]

　このことを言いかえると、現在使われている海賊という言葉には二つの意味があるということである。一つは、日本史上の実在する海上勢力を指す場合であり、もう一つは、そこから派生して、パイレーツを含めて世界各地に幅広く存在した、あるいは今なお存在する、海上で非法行為をなす武装勢力を総称する場合である。この混乱を避けるために、本書では後者を〈海賊〉と表記して前者と区別することにする。

　だが、話を日本史上の海賊だけに限ったとしても、やはり海賊のイメージは人によってまちまちである。海賊と聞いて、ある人は、航行する船舶を襲撃して銭や物を奪う、略奪者としての姿を思い浮かべるだろう。またある人は、藤原純友《ふじわらのすみとも》のような、国家権力に抵抗して反乱を起こした者を思い浮かべるかもしれない。また別の人は、戦国時代の瀬戸内海で水軍としての活動をした村上《むらかみ》一族こそが海賊だと考えているかもしれない。

　このようにさまざまな姿を見せる海賊の中でどれが本当の海賊かと問われると、なかなか答は出しにくい。どれも海賊だというしかないが、それでも海賊の最も本源的な姿ということになれば、やはり、第一にあげた、各地の浦々に拠点を置いて、航行する船舶を襲う海賊になるのではないだろうか。彼らが時代的背景や地域の実情の影響を受けて変貌したり、成長したりしたのが、藤原純友のような国家権力との関係で海賊と呼ばれる勢力、あるいは、村上一族のような、戦国期に水軍として活動する海賊であると考えることができるだろう。

では、海賊たちはなぜ旅人や船舶を襲うのだろうか。この問いに答えるためにまず序章で、彼らの活動が最も活発であった戦国期の瀬戸内海の様相からみていくことにしよう。そこでは、船旅の途中海賊と遭遇するとどのようなことが起こるのかが問題となる。航行する船舶を見つけた海賊はどのような行動をとるのか、また、船に乗り組んでいた船頭たちはどのように対応するのか。両者のやり取りをたどっていく中で、海賊たちの意外な姿が明らかになっていくだろう。船舶を襲うだけでなく、一方、航行する船舶の安全を保障する海賊がいたこと、そのような行為をするために海賊たちは独特のシステムをつくりあげていたこと、そのシステムの中では、彼らの家紋入りの過所旗《かしょき》と呼ばれる旗が重要な役割を果たしていたこと、などである。

次に時代をさかのぼり、歴史上の著名な海賊勢力の実像や彼らが果たした役割などについて述べることにする。第一章では、古代の代表的な海賊として知られる藤原純友を取り上げる。ここでは近年の研究の進展によって、純友のイメージが大きく変わりつつあることを述べるのが中心となる。もし読者が、純友について、時を同じくして東国で反乱を起こした平将門《たいらのまさかど》と呼応して摂関政治期の律令国家を震撼《しんかん》させ、その出来事が承平《じようへい》・天慶《てんぎよう》の乱と呼ばれるなどという理解をされているとすれば、それは大きく裏切られることになるだろう。ある時期まで純友は、海賊の統率者ではなく、むしろ海賊を取り締まる側にいたということが近年の研究によって明らかになってきたからである。そのような純友がなぜ海賊の側に身を投じていくことになったのか、また、純友は律令国家にどのように対峙《たいじ》したのか、などが叙述の中心となるだろう。

第二章では、鎌倉〜南北朝時代の西海《さいかい》（九州西方海上）に目を転じよう。そこは松浦党《まつらとう》の世界である。松浦党とは、西海の松浦地方を主たる活動の場とした中小武士団の総称で、「党」と呼ばれる独特の存在形態を示し、南北朝時代には広範な一族の者が契約を結び、一致団結していたことでも知られている。そこでは、一族の人々は寄り集まって何を契約し、それは歴史的にみるとどのような意味があるのか、などが問題となる。また松浦地方は倭寇《わこう》の根拠地でもあった。倭寇が、一四世紀から一六世紀にかけて、朝鮮半島や中国大陸の沿岸を襲った日本の武装勢力のことであることはよく知られているが、その構成員はどのような人々だったのかは意外に知られていない。倭寇の本当の姿はどのようなものであったのか、そして松浦党は倭寇とどのような関係にあったのか、などについても考えていくことになるだろう。

第三章で取り上げるのは、南北朝時代の紀伊半島の南部地域である。熊野《くまの》地方と呼ばれるこの地域は、基本的には山がちな土地だが、一方では太平洋（直接的には熊野灘《なだ》）に面した長い海岸線を有し、多様な海上勢力が活動した場所でもある。「熊野海賊」とも呼ばれる彼らの活動で最も目を引くのは、南北朝時代の一三四七（貞和三）年に遠く南九州の薩《さつ》摩《ま》にまで遠征し、その地の有力な北朝勢力島津氏と激しい戦いを展開したことである。熊野を本拠とした海賊が、どのような理由で、どのようにして南九州まで遠征することになったのか。これを究明すべく史料をたどっていくと、熊野海賊が瀬戸内各地の南朝方勢力との間でつくりあげていた海上ネットワークの存在が明らかになる。第三章はこのネットワークの実態を明らかにすることが主要なテーマになるが、あわせて、熊野灘の沿岸に所在する熊野海賊の本拠の位置や景観、そして熊野神社や熊野信仰との関係などにも筆を進めていきたいと考える。

第四章では、戦国時代になって水軍としての側面を強化した海賊が、各地の戦国大名とどのような関係を取り結ぶのか、に注目したい。水軍として海賊の本場は何といっても瀬戸内海である。ここでは、能島《のしま》・来島《くるしま》・因島《いんのしま》の三家に分かれて多くの戦国大名とかかわりを持った海賊村上氏について、三家ごとの特色、主要な海戦などについて記述するのが中心となる。また、村上氏の周辺にいた多様な海上勢力についても触れたいと思う。しかしもちろん、海賊は瀬戸内海にのみいたわけではなく、東国の戦国大名北条《ほうじょう》氏や武田《たけだ》氏のもとで活動した海賊もいた。陸の大名としてのイメージの強い北条氏や武田氏のもとで海賊が組織され、彼らが江戸《えど》湾や伊豆《いず》近海で活発に水軍活動を展開したのである。これを示すのは、東国の戦国大名に対する見方に別の要素を加えることになるだろう。また、東国の海賊が西国の海賊とどう違うのかも興味深い。「海賊」という言葉のニュアンスが東国と西国ではかなり異なることにも触れたいと思う。

以上のように、第一～四章では、比較的著名な海賊を個別的に取り上げるが、日本の歴史上の海賊はそれに尽きるものではなく、史料上に断片的に姿を現すだけの海賊も多数存在する。そこで、終章では、第一～四章で取り上げた海賊も含めて、古代から中世に至る海賊の時代全体を振り返り、時代の移り変わりの中で海賊像がどのように変化していったのかをたどりたいと思う。そして最後には、その時代が終わった後、海賊が日本の社会に何を残したのかについても考えてみたい。海賊像の変化をたどるに当たっては、海賊を、土着的海賊、政治的海賊、安全保障者としての海賊、水軍としての海賊に分類し、それを基本にして海賊の役割の変化と歴史的変遷を論ずることにしたい。また、海賊が残したものをみるに当たっては、造船、航海術、捕鯨などの分野や海に乗り出す精神に注目したい。

なお、世上には海上で活動する勢力のすべてを海賊や水軍としてとらえようとする見方もあるが、本書はそのような見方とは一線を画し、「海賊」という史料上の言葉にこだわりたいと思う。その意味では海賊をきわめて限定的にとらえることになることを前もってお断りしておきたい。

それでは、さっそく海賊の海に乗り出してみることにしよう。

目次

はじめに――海賊とはなにか　3

凡例　13

序章　海賊との遭遇　15

第一章　藤原純友の実像　35

1　純友以前　36

2　承平の海賊　44

3　天慶の乱　54

第二章　松浦党と倭寇　69

1　平氏をささえた海上勢力　70

2　「党」と一揆契諾　76

3　海賊と倭寇　82

4 海での生活 94

第三章 熊野海賊と南朝の海上ネットワーク 105
1 薩摩の城を攻める海賊 106
2 熊野灘の海賊 113
3 熊野山と海賊 131

第四章 戦国大名と海賊――西国と東国 139
1 瀬戸内の海賊 140
2 北条氏・武田氏の海賊 158
3 海賊からみる西と東 168
4 海賊たちの転身 173

終　章 海賊の時代 189
1 海賊像の変遷 190
2 「海賊」のニュアンス 203

3　海賊たちの遺したもの　210

注　226

文献・史料一覧　230

あとがき　239

凡例

1　本文や注で引用あるいは参照した文献については、本文中に執筆者名・書名（論文名）のみを示し（ただし副題は省略）、掲載雑誌・図書名、号数、出版社、発行年などの書誌情報は、巻末の「引用・参考文献一覧」に示した。

2　史料を引用する場合は、基本的に現代語訳し、振り仮名や送り仮名をつけたが、必要に応じて、書き下しの形で引用した場合もある。また、史料を引用した場合は、本文中には史料名のみを示し（例『青方文書』）、典拠となる史料集名や史料所蔵機関名を巻末の「引用史料の典拠」に示した。

3　本文で叙述すると煩雑になるが、本文を理解する上で参考になるようなことがらについては最小限度の注をつけた。注は巻末に章別に一括して記述した。

4　年月については和暦をもとにしたが、年代は便宜上西暦を示して和暦を（　）に入れた。ただ第一章のみは、承平や天慶の年号が叙述において大きな意味を持っているので、和暦（西暦）の形をとった。

序章　海賊との遭遇

瀬戸内の船旅

海賊に襲われるとか、物や銭を略奪されるなどとよく言われるが、実際に海賊はどのように船舶や旅人を襲ったのだろうか。またそのような時、船の乗組員や旅人はどのように対応したのだろうか。つまり人々は海賊とどのように遭遇したのか。じつはこの最も基本的なところがよくわかっていない。あまりに当たり前すぎて、逆に記録に残されないからだ。そこで、わずかに残された記録をたどって海賊の姿を追う作業を始めてみよう。

最初に取り上げるのは、戦国時代に瀬戸内海を旅したある禅僧の記録である。その禅僧とは、京都東福寺《とうふくじ》の梅霖守龍《ばいりんしゅりゅう》という人物である。守龍は、東福寺の荘園周防《すおう》国得地保《とくじのほ》（山口市）での年貢収入の確保を図るために、一五五〇（天文一九）年に瀬戸内海を周防国に向けて船で下った（『梅霖守龍周防下向日記』）。守龍は九月一四日に堺《さかい》から船出したが、乗った船は、塩飽《しわく》の源三なる人物が船頭として乗り組む一一端帆の船であった。塩飽は、備《び》前《ぜん》・備中《びっちゅう》両国と讃岐《さぬき》国の間にまたがる備讃《びさん》諸島海域の重要な港である（現在の香川県丸亀《まるがめ》市の本島《ほんじま》）。おそらく源三船の船籍地だったのであろう。

一一端帆というのは、船に取り付けられた筵帆《むしろほ》の大きさを示したもので、当時はこのように筵帆の大きさで船の規模を示すのが一般的だった。一一端帆の船は、積載量に換算すると、一〇〇〜二〇〇石積み程度に当たり、当時としては中規模の船である。源三船は、おそらく堺と瀬戸内各地を結ぶ「人船」（客船）として運行されていたのだろう。

その源三船は、同月一九日の午《うま》の刻（正午頃）に、備前の「比々島《ひびじま》」というところで海賊と遭遇した。「比々島」というのは当時まだ一つの島であった備前国児島《こじま》の南岸に位置する港である（岡山県玉野市日比《たまのひび》）。その顚末《てんまつ》について守龍はほぼ以下のように記している。

午の刻に「賊船」が一艘接近してきて、「本船」と「問答」した。しばらくして賊は矢を放って攻撃してきたが、船の乗組員たちは、「鏃《やじり》」をならべて「鉄炮《てっぽう》」を放った。「賊船」のほうは、負傷者を出して、すぐに去っていった。申《さる》の刻（午後四時頃）には、船は塩飽の港に着岸して、自分たちは宿に泊まった。

短い記述だが、ここから海賊との遭遇の様子の一端をうかがうことができる。海賊が接近すると、まず「問答」をするのが船舶側の対応の仕方だったらしい。「問答」とは、おそらく海賊が要求する銭の額についての交渉だろう。しかし、この場合は交渉はうまくいかず、海賊の側が矢を放って攻撃してきた。交渉失敗の理由はよくわからないが、おそらく交渉に当たる船頭が、一艘だけで接近してきた海賊の戦闘能力を軽くみて、銭の支払額

播磨
摂津
大坂本願寺
備前
室津
尼崎
片上
伊部
兵庫
本太城
岡山
木津川口
林
岩屋
堺
児島
小豆島
和泉
下津井
日比
丹生城
淡路
由良
塩飽本島
宇多津
引田
和歌山
多度津
沼島
讃岐
小松島
紀伊
阿波
田辺
0
50km
○印は現在の都市

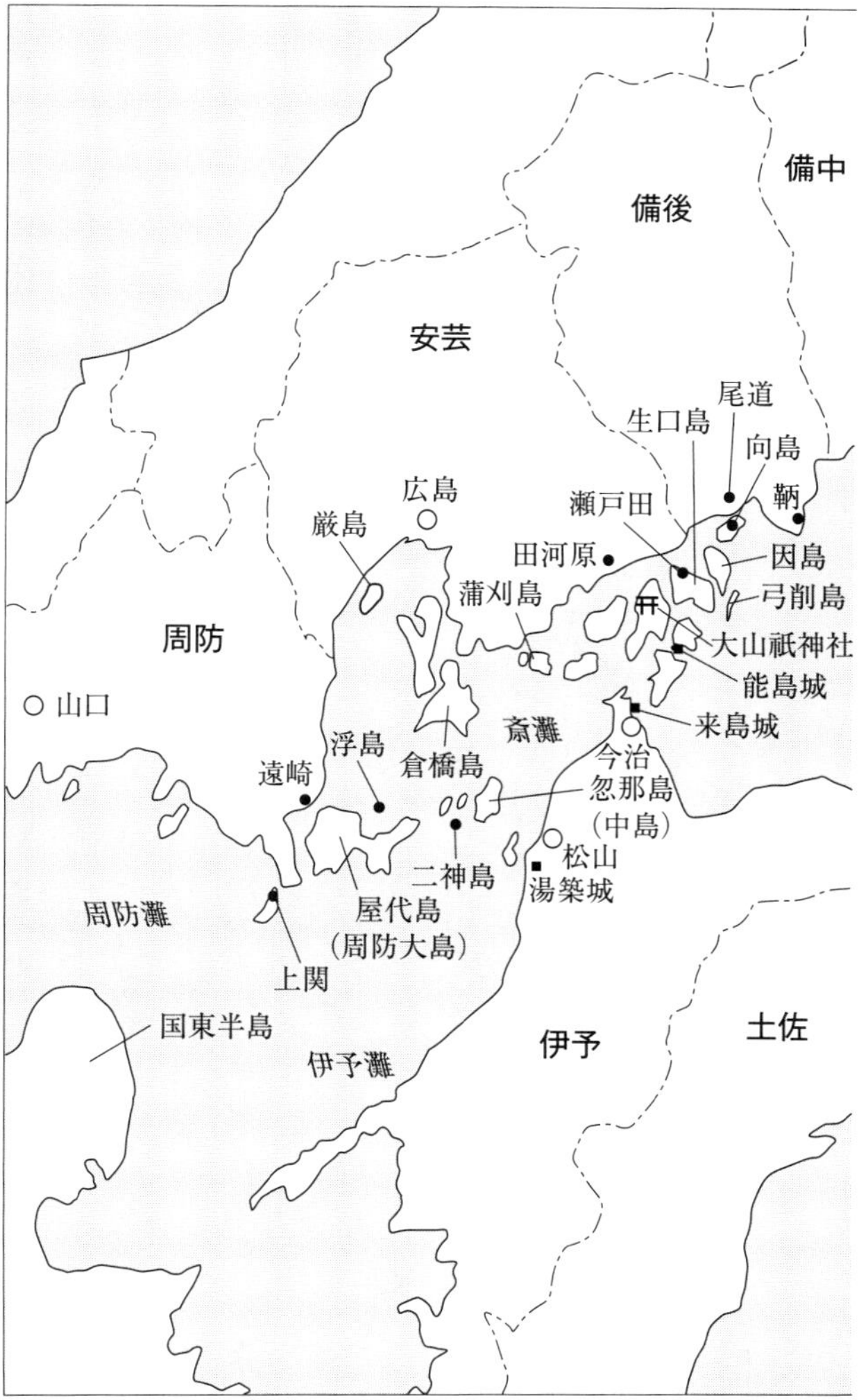
備中
備後
安芸
尾道
生口島
向島
広島
鞆
瀬戸田
厳島
田河原
因島
蒲刈島
弓削島
周防
大山祇神社
能島城
山口
来島城
斎灘
浮島
今治
倉橋島
遠崎
忽那島
(中島)
松山
二神島
湯築城
屋代島
(周防大島)
周防灘
上関
国東半島
土佐
伊予
伊予灘

図1　瀬戸内海関係地図

を値切ったからではないだろうか。攻撃してきた海賊に客船の側は反撃した。すると意外なことに海賊たちは負傷者を出してさっさと退散していったのである。

海賊たちが退散したのは、客船の側が使用した「鉄炮」の効果によるのであろう。ただ、この「鉄炮」が、一五四三（天文一二）年に日本に伝えられた（伝来については一五四二年という説もある）いわゆる種子島《たねがしま》銃であるかどうかは検討の余地がある。伝来からまだ七年しかたっていない時期に、瀬戸内海を航行する客船が装備するほどに鉄炮が普及していたかどうかやや疑問があるからである。しかし、いずれにしても客船が備えていた「鉄炮」は、海賊たちをすぐに退散させるほどの強力な武器であったことは間違いないようだ。かくして源三船は無事にその海域を離れ、塩飽に停泊することができた。

ちなみに、塩飽は源三の本拠であったから、とりあえずそこに難を避けたのだろうが、日比と塩飽の間は直線距離にして十数キロメートルほどしか離れていない。ここに来れば日比の海賊はもはや手出しをすることができず、一行が安全に停泊することができたということは、逆に言えば日比の海賊の勢力範囲がきわめて限定されたものであったことを示している。そのような点からすると、日比の海賊は、日比の港の周辺の限られた範囲を支配する、いわば浦々の海賊だったと言えそうである。

交渉する船頭

梅霖守龍は、翌一五五一年三月には、周防から安芸《あき》の厳島《いつくしま》にわたり、そこから室《むろ》の五郎大夫という船頭の船に乗って帰途についたが（室は播磨《はりま》国室津《むろつ》のこと。兵庫県たつの市御津《みつ》町）、その船は、四月一日に安芸の「田河原」（広島県竹原《たけはら》市）で、またまた海賊と遭遇することになった。再び守龍の記事を引用してみることにしよう。

未《ひつじ》の刻（午後二時頃）「関の大将ウカ島」の「賊船」が一五艘接近してきた。五郎大夫の船と「賊船」は、互いに「端舟《はしぶね》」をだして「問答」したが、話はなかなかまとまらず、「昏鴉《こんあ》」（日暮れ）に及んだ。夜になっても交渉は決着せず、結局「暁天《ぎょうてん》」（明け方）になって、船の側が過分の「礼銭《れいせん》」を出すことによってやっと交渉はまとまり、船客はみな無事であった。

ここにも、往路に日比で海賊に出会ったときの記事同様、多くの興味深い情報が含まれている。まず「関の大将」だが、これは文字通り関所の大将がやってきたと解釈してもさしつかえないようにみえるが、別の旅の記録では、「関」がやってきたと記しているものもあることからすれば、この「関」はいわゆる関所を意味する言葉ではないらしい。結論から言えば、この「関」もまた海賊そのものを指すのである。海賊が関所を設けて金銭を徴収することはよく知られていたので、関所と海賊との親近性が強まり、「関」という言葉が海賊そのものを意味するようになったのだ（桜井英治「山賊・海賊と関の起源」）。

このようにして守龍たちの一行に接近してきた「関の大将」は紛れもない海賊であったが、その海賊の大将「ウカ島」とは、尾道《おのみち》水道に面して立地している宇賀島（現在は岡島《おかじま》、広島県尾道市向島町《むかいしま》）を本拠とする海賊だろう。この海賊は、一五艘もの船を率いていた。往路において日比で海賊に遭遇したとき同様、船頭はさっそく通行料について「問答」を始めた。両者は互いに「端舟」（大型船に付属させている小船のことだろう）を出して交渉した。日比では交渉が決裂し、両者が交戦するに至ったが、船頭室の五郎大夫はねばりにねばった。賊船一五艘という相手の軍事力の圧倒的優勢という現実を前にして、塩飽の源三のように強攻策に転じるわけにはいかなかったのだろう。未の刻に始まった交渉は、「昏鴉」に及んでもまとまらず、さらに夜を徹して続けられた。翌日の「暁天」に及んでやっと交渉はまとまったが、それは、船頭側が過分の「礼銭」を出すことに応じたからであった。

「礼銭」の支払い

　ここで船頭側が海賊に支払った銭貨が「礼銭」と呼ばれているのは興味深い。襲ってきた海賊に対して航行する船の側が「礼」をしなければならないいわれはないはずだが、ここには、現代人には理解しにくい、中世人独特の意識がよく表されている。

「礼銭」という言葉の背後に潜んでいるのは、守龍らの船が、本来航行してはいけない領域、あるいは何らかのあいさつ抜きでは航行できない領域を航行したという意識である。だが、何の標識もない、いわば公の海をなぜ勝手に航行してはいけないのか。これについては、網野《あみの》善彦《よしひこ》氏や勝俣鎮夫《かつまたしずお》氏によって唱えられた初穂論《はつほろん》という興味深い議論がある（網野「中世の旅人たち」、勝俣「山賊と海賊」）。通行料を要求する海賊たちの主張の根拠として、神々の支配する領域に別世界の者が侵入したということがあり、通行料の淵源は、海の神々への捧げものに由来するという考え方である。要するに、神々に代わって、神々の領域に侵入した者たちから捧げもの（初穂）を徴収したのが海賊の通行料の起源だというのである。

　まことに興味深い議論で、これについてはのちほど第三章でも触れたいと思うが、ここでは当面、海賊たちが通行料を要求したのは、そこが、彼らが長い間につくりあげてきた生活の場、いわばナワバリだったからだと考えておきたい。当時はまだ海賊のナワバリを通過する限り、通行料を支払わなければならないという意識が人々の間に残っていたために、それが「礼銭」という言葉になったのではないだろうか。つまり海賊の側に言わせれば、ナワバリを通過する船舶から通行料を徴収するのは当然の権利だったのだ。

しかし、このような礼銭意識は、当時、次第に薄れつつあった。目に見えないナワバリを理解することのできない通行者にとって、通行料を求める海賊の行為が不当なものと思われるようになっていたのだ。守龍の旅の往路で塩飽の源三が「鉄炮」で海賊を撃退し、復路において室の五郎大夫が「礼銭」を出し渋ってねばりにねばったのもそのことを示している。この礼銭の感覚が人々の意識の中から完全に消え去った時、海賊の行為は略奪とみなされるようになるだろう。

以上、一六世紀半ばに客船に乗って瀬戸内海を往復した梅霖守龍が二ヵ所で遭遇した海賊についてみてきた。そこから明らかになった海賊の姿は以下のようにまとめることができる。

守龍が海賊に遭遇したのは、備前日比と安芸竹原の二ヵ所だったが、それらの海賊は、限られた狭い範囲をテリトリーとする土着的な浦々の海賊と言うべき存在であったこと、彼らはテリトリーに入ってきた船舶をみつけるとそれに接近して金銭を要求したこと、その額を交渉するのは船頭の重要な役割で、交渉が決裂すれば戦闘に発展することもあり、交渉がまとまれば無事に通過することができたこと、海賊たちが要求する金銭は「礼銭」と呼ばれたことからもわかるように、海賊たちが長い間につくりあげてきた生活の場を通行させる代償として徴収する通行料であり、その徴収は海賊の側からすれば正当な経済行為であったこと、などである。

海賊を雇う

以上は小規模で土着的な浦々の海賊との遭遇の例だが、中世の瀬戸内海ではもう一つ別の形での海賊との遭遇もあった。それは、海賊を雇うという形での遭遇（正しくは接触とでも言うべきかもしれないが）である。

航行する船舶がなぜ海賊を雇うのか。それは航海の安全を確保するためである。海賊を雇うことによって航海の安全を確保できるとはいささか奇妙に聞こえるかもしれないが、史料は間違いなくそのような事例があったことを示している。

一四二〇（応永二七）年に、倭寇問題についての交渉のために来日した朝鮮使節宋希璟《ソンヒギョン》は、帰国後『老松堂日本行録《ろうしょうどうにほんこうろく》』と題する紀行詩文集とでも言うべき書物をまとめたが、その中には瀬戸内海を往復した際の見聞も数多く漢詩文に詠み込まれている。そこには海賊との遭遇記事もいくつかみられるが（ただし、宋希璟は見聞した海上の怪しげな者たちをすべて海賊とみなしているので若干割り引いて考えなければならないだろう）、帰路の途次「可忘家利」（安芸国上《かみ》・下蒲刈島《しもかまがりじま》。広島県呉市《くれ》）で出会った海賊についてはことのほか多くの筆を費やしている。

その中の注目すべき記事に、瀬戸内海には東西に海賊があり、「東より来る船は、東賊一人を載せ来れば、それを西賊が害することはなく、西より来る船は、西賊一人を載せ来ればそれを東賊が害することはない」という海賊の不文律がある、という記述がある。ここには瀬戸内海を東西に二分した海賊のナワバリがあり、そのナワバリを前提として、海賊を乗船させることによって安全に航行できるというルールがあったらしいことが示されている。このように安全のために海賊を乗せることを上乗《うわの》りと呼んでいた。[1]

海賊の重層性

また、一五七七（天正五）年に兵庫津《ひょうご》（神戸市《こうべ》）から府内《ふない》（大分市《おおいた》）に向かっていた宣教師ルイス・フロイスらの一行は、讃岐の塩飽で「海賊の頭の僕《しもべ》一人」を雇っている（『イエズス会日本通信』）。この海賊が乗り込むことによって安全に航行することができたからである。実際、一五八一年に豊後《ぶんご》から堺に向かっていたヴァリニャーニの一行の船が塩飽に着く前に、芸予諸島の海賊能島村上氏（第四章参照）の者が数人乗り込んできた。乗り込んできた海賊たちは、上乗りがいることを確認すると、丁寧なあいさつをして去っていったが、ここに上乗りの役割がよく示されている（『イエズス会日本年報』）。

これらをみると、浦々に蟠踞《ばんきょ》して、航行する船舶に通行料を要求する海賊がいた一方、船舶に上乗りをすることによって航海の安全を保障する海賊がいたことがわかる。彼らが乗り込んでいることで、浦々の海賊に脅かされたり、通行料を要求されたりすることなく航行することができたのだろう。当然ながらこのような上乗りをする海賊は、浦々の海賊を上回る勢威を有した有力海賊で、彼らは安全保障の代償として警固料と呼ばれる銭貨を徴収した。

このように中世の瀬戸内海の海賊には、狭い海域で活動し、通行料の徴収をこととする浦々の海賊と、瀬戸内海を広範囲に活動し、上乗りなどの行為によって警固料を徴収する有力海賊という異なるタイプの海賊が存在し、彼らの間には一種の重層的な関係が出来上がっていたと言えるだろう。

このような重層性が形成されるに当たっては、船舶を利用して航行する者たちの意向が影響を与えていたのではないだろうか。とりわけ瀬戸内海を経由して遠隔地間商業に従事する商人たちにとっては、津々浦々に勢力を有する小規模海賊にナワバリごとに「礼銭」を要求されるのは、経済活動の大きな妨げであった。天文年間ころ（一五三二〜五五）

大内《おおうち》氏の家臣が堺の商人にあてた文書には、堺の商人が「厳島そのほか津々浦々」において荷物の点検を受けるのは迷惑である旨大内氏に訴えたこと、それを受けて大内氏は、「日向《ひゅうが》薩摩唐荷《からに》」については堺において「駄別役銭《だべつやくせん》」を徴収するよう村上氏に命じたことが記されている（『厳島野坂文書』）。

ここには、日向・薩摩と堺の間で「唐荷」などを扱う堺の有力商人たちにとって、浦々の海賊の存在が経済活動の大きな阻害要因であったことがよく表れている。彼らにとっては浦々の海賊に煩わされずに航海できる状態が望ましかった。だから有力海賊を上乗りさせることで浦々のナワバリを越えて航行できたとすれば、それは望ましい事態であったに相違ない。

「免符」と「切手」

上乗りは本来、このように有力海賊の関係者が実際に船に乗り込むという形でおこなわれていたが、のちには人が乗り込む代わりに、「免符」「切手」などさまざまな名称で呼ばれる通行許可証のようなものを渡すという方法が出来上がったらしい。朝鮮出兵直後ころに成立した村上氏関係の記録『武家万代記《ぶけばんだいき》』には、次のような話が記されている。なお、後述するように、当時村上氏は能島・来島・因島の三家からなっていた。

一五五一（天文二〇）年冬、大内義隆《よしたか》を倒して防長の支配者になったばかりの陶晴賢《すえはるかた》配下の廻船三〇艘が八木《はちぼく》（米）二〇〇〇石を積んで通りかかったのを能島村上家の者が上関《かみのせき》（山口県上関町）で点検した。宇賀島衆（周防大島《すおうおおしま》の北側に浮かぶ宇賀島＝山口県周防大島町浮島《うかしま》を拠点とする陶氏配下の海賊。先に梅霖守龍の船に接近してきた関の大将「ウカ島」の拠点宇賀島とは別）が一〇〇人ばかり上乗りとして乗り込んでいたが、彼らは能島村上氏の発行した「切手」を持っていなかった。上関の者たちが、「古《いにしえ》より島の作法」であるから通すわけにはいかないと告げると、廻船の側は、積荷は公方《くぼう》（将軍）への進上米であり、しかも宇賀島衆が上乗りしているのだからだれがとがめることができよう、と述べて、上関の要害へ鉄砲を撃ちかけて強引に通過した。

これをみると、上関で能島村上氏が通行する船舶をきびしくチェックしたこと、チェックしたのは上乗りと「切手」（別の所では「免符」と記されている）の有無であること、異なる海賊間では単なる上乗りだけではなく、その上乗りを承認する切手・免符を所持することが関所を通過する際の条件であったことなどがわかる。また『武家万代記』は別の箇所で、「帆別銭《ほべつせん》」を徴収してその代償として「免符」を渡したこと、船ごとに「割符」を渡した上、船に焼印をすることがあったこと、乗り組んでいる個人については、「過書《かしょ》（過所）手形」を渡すことがあったことなどを伝えている。

ちなみに、能島村上氏の制止を振り切って上関を強引に通過した（後世の言葉で言えば関所破り）陶氏の廻船はどうなったかというと、このあと能島の当主村上武吉《たけよし》が因島村上氏などにも声をかけ、安芸の蒲刈島で陶氏の船団を待ち受けて散々な目にあわせたことが『武家万代記』に記されている。関所破りの代償はかなり高くついたことがわかる。

ここに記したのは、周防上関で「切手」を点検した例だが、そのような関は他にも設けられていたようで、『武家万代記』によると、筑後《ちくご》・筑前《ちくぜん》・肥前《ひぜん》・肥後《ひご》など九州からの廻船を点検するのは長門《ながと》国赤間関《あかまがせき》（山口県下関市）で、周防・長門・豊前からやってきて周防灘を東西に行き来する廻船を点検するのは上関であった。文脈から判断してこれらは能島村上氏系の拠点だったらしい。また九州のうちでも豊後・日向からの廻船の場合、四国寄りの航路をとれば来島村上氏が、山陽寄りのコースをとれば因島村上氏が点検した。来島、因島両村上氏の場合、関の位置が明示されていないが、おそらく来島村上氏にあっては、芸予諸島の南部、因島村上氏にあっては同諸島の北部のどこかに関が設けられていたものと思われる。

ここに記されている拠点のうち赤間関は、戦国期には毛利氏の影響力が強くなり、同氏が関代官や関奉行をおいて支配したので村上氏の関与はなくなったと考えられるが、その他の関所については、『武家万代記』がほぼ実態を伝えていると思われる。また、そのような関所の設置状況は、当時の航路の実情にもよくマッチしている。

通行許可証としての船旗

「免符」や「切手」を航行者に与えるときには当然、警固料を徴収するわけで、それらは帆別料、駄別料、関役、津公事などさまざまな名称で呼ばれた。さらにこれら「免符」や「切手」の代わりに、村上氏の家紋の入った旗を渡すようなこともあった。宣教師ルイス・フロイスは、一五八六（天正一四）年に堺から九州の臼杵《うすき》（大分県臼杵市）まで船旅をした記録の中で次のように記している。

我らはちょうどこのたび伊予国への途上、（能島殿）の城から約二里の地点にいたので、副管区長（コエリュ）師は、一人の日本人修道士に贈物を携えさせ、彼に交渉するように命じ、（能島殿）に対して、我らがその（交付する）署名によって自由に通行できるよう、好意ある寛大な処遇を求めた。（能島殿）は、その修道士に尊敬を払い、手厚くもてなし、彼らを自らの居城に招待した。そして己が好意をより高く売りつけようとして、いくらか躊躇しながら言った。「伴天連《ばてれん》方が、天下の主、関白殿の好意を得て赴かれるところ、某《それがし》ごとき者の好意など必要ではござらぬ」と。だが修道士がしきりに懇願したので、彼は、怪しい船に出会ったときに見せるがよいとて、自分の紋章が入った絹の旗と署名を渡した。それは（この海賊が）司祭に対してなし得た最大の好意であった（『フロイス日本史』）。

図2　能島村上氏の過所旗
和歌山県立博物館、『瀬戸内の海賊』、講談社選書メチエ

フロイスらが以後の航行の安全をはかるために、日本人修道士を能島村上氏のもとに派遣して交渉に当たらせたことがわかる。彼らが求めたのは、能島村上氏の交付する「署名」入りの通行許可証であった。これは『武家万代記』では、「切手」とか「免符」、あるいは「過所」などと記されているものに相当し、有力な海賊の発行するこのような通行許可証を所持することによって安全な航行が保障された。一五八六年のフロイスの場合、そのような文書の代わりに能島村上氏はその紋章の入った「絹の旗」を与えたというわけである。その意味でこのような旗はしばしば過所旗と呼ばれる。おそらく旗を船の一部に取り付けておくことによって安全な航海をすることができたのだろう。

この旗の実物がいくつか残されている。能島村上氏伝来の古文書を含む『屋代《やしろ》島村上文書』の中には、縦五三・三センチメートル、横四四・八センチメートルほどの絹製の小旗が含まれていて、それには、中央に村上氏の家紋ともいうべき「上」の字がすえられている。左右に記されている「署名」からして一五八一（天正九）年に村上武吉が厳島神社の神官「祝師《ものもうし》」に渡したものであることがわかる。

同じような旗が紀伊《きい》国でも発見された（高橋修「新出の『村上武吉過所旗』について」）。縦五七・九センチメートル、横四三センチメートルと先の旗とほぼ同じ大きさで、絹地の中央に「上」の字がすえられているのも同じである（図2）。左右に記されている文字から判断して、一五八一年に武吉が紀伊国雑賀《さいか》の向井《むかい》氏に与えたものである。そのほか実物は見つかっていないが、筑前今津《いまづ》（福岡市）には、一五八二年に、武吉の子の元吉《もとよし》が、今津の土豪的商人と覚しき間《はざま》左京亮《さきょうのすけ》らに発給した二枚の旗が残されていて、その写しが伝えられていた（福川一徳「中世末期の筑前今津」）。

以上、戦国時代の瀬戸内海でみられた、海賊を中心とした海の秩序のあり方についてみてきた。それでは、そのような海賊たちの姿は、いつごろから歴史上でみられるようになったのだろうか。それをみるためには、平安時代までさかのぼってみる必要がある。

第一章　藤原純友の実像

1　純友以前

藤原純友のイメージ

藤原純友のイメージが変わりつつある。かつては、平安時代中期の一〇世紀前半、瀬戸内海の海賊を率いて蜂起し、同じころ関東で反乱ののろしを上げていた平将門と相呼応して、摂関政治期の律令政府を脅かした古代の海賊の代表的存在、というのが純友のイメージであった。

しかし、これは正確ではない、というのが最近の研究の示す方向である。どこが正確でないのか。それは、純友の活動は前半と後半でその性格が大きく異なり、前半期においては、純友は海賊の統率者というよりも、むしろ海賊を取り締まる立場にあったことが明らかになってきたからである。純友が海賊を取り締まるなどと聞くと意外な感じがするが、残された史料を丹念に読むと、どうしてもそのような姿がみえてくる。

純友像の変化は、純友をめぐる出来事の呼称にも表れている。かつては、将門と純友の反乱をあわせて承平・天慶の乱と呼ぶのが一般的であった。「平将門と藤原純友による東西の反乱は、時の年号から承平・天慶の乱とも呼ばれる」などという教科書の記述を記憶にとどめている人もいるのではないだろうか。しかし、近年では承平・天慶の乱という呼びかたは適切でないと考えられるようになってきている。試みに現在発行されている高校の日本史の教科書をめくってみると、まだ承平・天慶の乱の表記を使っているものもあるが、「天慶の乱」あるいは「天慶の乱（承平・天慶の乱）」が多数派になりつつある。また、中には、本文では平将門の乱、藤原純友の乱という表記を使い、欄外の注で、「当時の年号から、この二つの乱をあわせて承平・天慶の乱とも呼ぶが、反乱に発展したのは天慶年間のことである」と記して、近年の研究動向をより正確に反映させようとしたものもみられる。このように教科書の記述においても、かつては承平・天慶の乱と呼ばれていた呼称が天慶の乱という呼称に変わりつつある状況をみて取ることができる。[1]

なぜ承平・天慶の乱ではなく、天慶の乱なのか、またそのような呼称の変化は藤原純友の実像とどのように関係するのか。それについて考える前に、少し時代をさかのぼって純友以前の海賊の姿をみておきたい。海賊は純友の時代になって突然姿を現したわけではなく、そこに至るまでには長い前史があるからである。

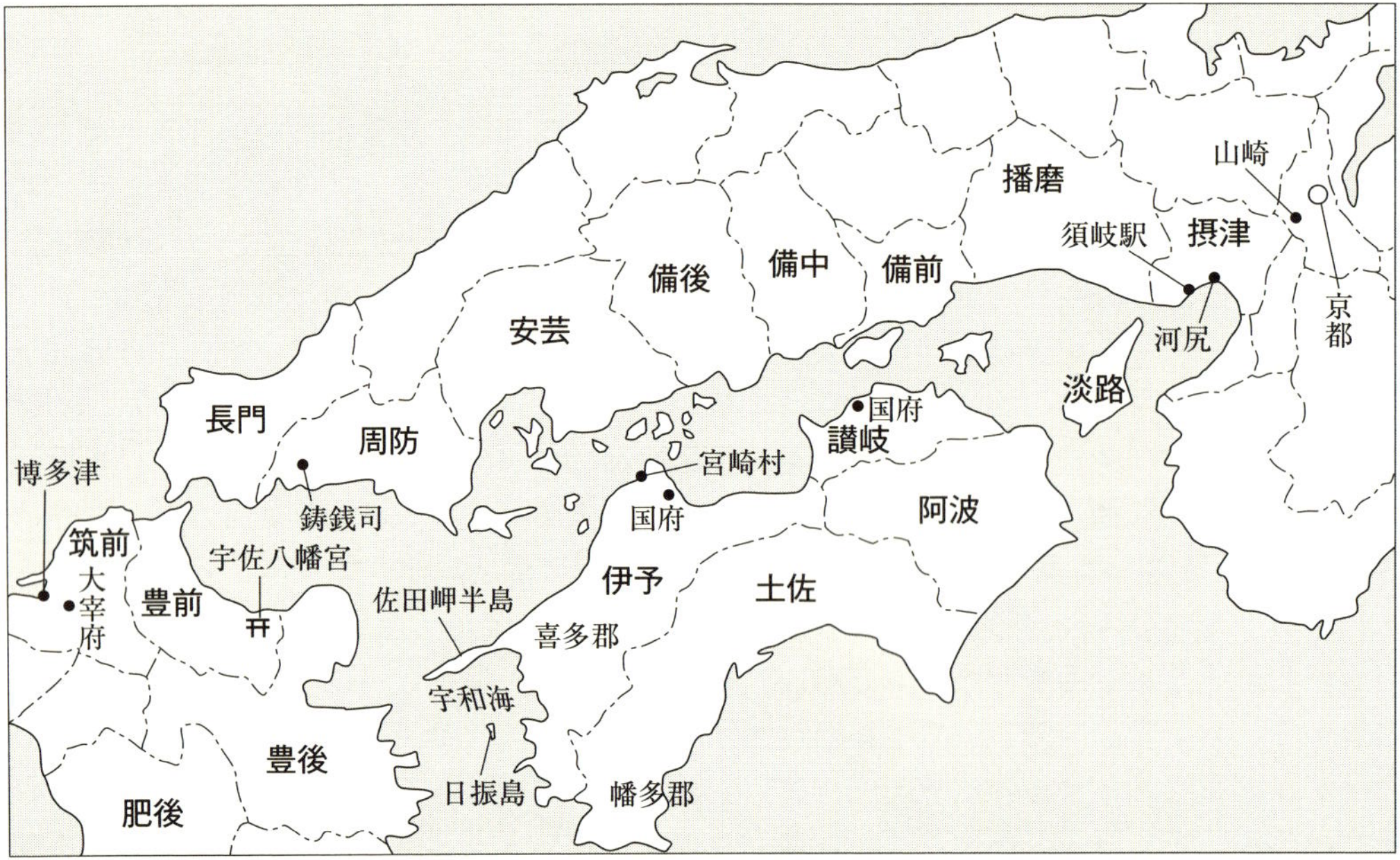

博多津
筑前
大宰府
豊前
宇佐八幡宮
肥後
豊後
長門
鋳銭司
周防
安芸
備後
備中
備前
播磨
摂津
山崎
京都
須岐駅
河尻
淡路
讃岐
国府
阿波
宮崎村
国府
伊予
土佐
佐田岬半島
喜多郡
宇和海
日振島
幡多郡

図3　藤原純友関係地図

九世紀の海賊

どのような活動をしていたかはともかくとして、広い意味の〈海賊〉の存在そのものは、人類が海上で活動し始めたころからみられたのではないかと思われる。だが、海賊という言葉が日本史上の記録に最初に表れるのは、九世紀前半のことである。『続日本後《しょくにほんこう》紀《き》』承和五（八三八）年二月一〇日条に、「山陽・南海道等の諸国司をして海賊を捕糺《ほきゅう》せしむ」とあるのがそれである。[2] 山陽・南海道等の諸国司に海賊の捕縛を命じたというのであるから、おそらく瀬戸内海において海賊たちの活動がようやく律令政府の取り締まりの対象になり始めたということであろう。

そして、九世紀の後半になると、突然歴史書に記される海賊記事が増えてくる。たとえば、貞観八（八六六）年四月に、過去に海賊を追捕《ついぶ》するように命令を出したにもかかわらず、今また「賊党」が群起し、掠奪がやまないのは、国司が「粛清」に努めないからであると、国司を督励する指示が出されたり、翌貞観九年一一月に、伊予国宮崎《みやざき》村（愛媛県今《いま》治《ばり》市）に海賊が群居して公私の「海行」を妨げているので早く兵士を派遣して捕えるように命令が出されたり、元慶五（八八一）年に海賊被害が頻繁であるとの報告を受けて、左《さ》衛門少志《えもんのしょうさかん》紀朝臣貞城《きのあそんさだき》らが海賊退治に派遣された、などというのがそれである（いずれも『日本三代実録』）。そのうちの貞観四年の例を具体的に示してみることにしよう。

最近、海賊が往々にして群れを成し、往還の諸人を殺害し、公私の雑物を掠奪している。備前国が報告して言うには、政府に納める官米八十斛《こく》を船に載せ、綱丁《こうてい》（運送責任者）を付けて運んでいたところ海賊に遭い、悉《ことごと》く侵奪され、百姓一一人が殺された。是の日播磨・備前・備中・備後・安芸・周防・長門・紀伊・淡路・阿波・讃岐・伊予・土佐等の国に命令を出し、人夫を派遣し、海賊を追捕させた（『日本三代実録』貞観四年五月二十日条）。

これを一読すると、瀬戸内海において海賊が跳梁《ちようりよう》し、各国司が都に進上しようとしている官米が奪われ、政府が海賊の追捕に躍起になっている状況が読み取れるようにみえる。しかし、どうもそれは事態の表面的な見方でしかないらしい。下向井龍彦・稲葉靖司氏の研究によると、このころ瀬戸内海で起こっていた事態はもう少し複雑で込み入っていたようである。その様相を両氏の研究に拠りながらたどってみることにする（下向井「平安時代の国家と海賊」、稲葉「九世紀瀬戸内海地域の海賊問題」）。

税の未進と偽装

事態を把握するためには、このころの調庸雑米《ちょうようぞうまい》と呼ばれる、地方から都への運上物の運送過程についてみておく必要があるだろう。律令政府は当初、地方から都へ運ばれる調庸雑米などの税物の輸送には陸路・人担方式と呼ばれる、個人が馬などを用いて陸路を運ぶ方式を採用していた。しかし、九州や瀬戸内海沿岸などの諸国では次第に海運方式がとられるようになった。それはもちろん、海運のほうが大量輸送が可能でコストも低く抑えることができるからである。そのような諸国からの海上輸送の任務には、郡司や富豪層と呼ばれる有力農民から選ばれた綱領《こうりょう》が当たった。

海上輸送は、大量輸送が可能で低コストという長所がある半面、海難や積載物の湿損などの大きな危険をともなう。遭難によって税物が都まで運ばれない事態（これを未進と呼んだ）は政府にとっては大問題であったから、政府は未進に対してはきびしい姿勢を取った。未進の責任は、当初は国司が負うものとされていたが、九世紀中葉になると、実際の運送責任者である綱領の任に当たっていた郡司・富豪層が負うべきものとされるようになり、遭難などの事情によって未進が発生した時には、郡司・富豪層は自腹を切って弁済しなければならなくなったのである。それは、郡司・富豪層にとっては大きな負担だったから、九世紀末になると、未進の責任から逃れるために綱領が官物を「盗犯」したり、他境に逃げ込んだりすることが起こって律令政府の大きな問題となった。

しかし、未進には不可抗力の場合もある。その最大のものは「風波の災」である。運送船が大風にあって破損し、積載物が失われたり、水に濡れてしまった場合は、免責の対象になった。「風波の災」のほかにもう一つ不可抗力として免責の対象になったのが、海賊の被害である。「風波の災」の場合も海賊被害の場合も、そのような出来事に遭遇した場合は、運送責任者である綱領は、地元の管轄者である郡司・刀禰《とね》に届け出て「公験《くげん》」（いわば事故証明書）を発行してもらい、これを携えて上京して審査をうけ、問題がなければ未進について免責されるということであった。

この「公験」が政府に届けられることにより、政府関係者は海賊被害などの状況を知ることになるわけだが、下向井氏や稲葉氏は、この「公験」の内容をすべて事実ととらえることはできないのではないかと推測する。未進の責任を逃れるために「盗犯」をしたり、他境へ逃げ込んだりしていた綱領の実態を考えると、免責されそうにない損失分を海賊被害と偽って申請し、みずからの科《とが》を逃れようとした可能性が考えられるというのである。また、被害報告は直接的には国司によっておこなわれるので、自己の政務評価を気にする国司が海賊被害を報告することによって未進を取り繕うといったことも考えられる。とすると、記録上に表れている海賊被害も、実際の海賊の活動によるものというよりも、一連の調庸雑米を京都に運送するシステムの中で、未進と免責をめぐってつくりだされたものということになる。

各地の国司から上がってくる多くの海賊被害の報告を受けて、政府はいくつかの対策を講じることになった。その中には、俘囚《ふしゅう》（律令政府に服属した蝦夷《えみし》）を雇用したり、兵士制を設けたりして実力で海賊追捕を図ろうとするものもあったが、効果を上げたのはむしろ、運送責任者である郡司層の負担を軽減したり、「公験」の審査を厳正にしたりする方策であった。このことも、海賊被害の実態がどのようなものであったかをよく示している。こののち調庸雑米の運京システムの抜本的な改革もおこなわれることになり、これによって九世紀後半の海賊は沈静化していくことになる。

この一連の経緯をみてみると、この時期の「海賊問題」の一面がよく表れている。海賊とは、必ずしも海上で非法行為をおこなう者ばかりではなく、場合によっては書類上の存在でもあったのである。ただ、運送責任者や国司の偽装が通用する前提には、実際の海賊被害があったはずだから、実在の海賊の姿はどうだったのか、という問題は残る。これについては、一〇世紀の純友の時期の海賊問題とからめてのちほど改めて触れることにする。

2　承平の海賊

純友の出自

それでは、純友に話をもどすことにしよう。九世紀の海賊問題から五〇年ほど経た九三〇年代になって再び史料上に海賊のことがみえ始める。純友がかかわることになるのは、この時期の海賊問題である。

ところで、先に現在の研究状況からみれば承平・天慶の乱という言い方は適切でないと述べたが、その理由ははっきりしている。それは、承平年間には、将門は一族間の私闘に明け暮れているだけに過ぎず、また純友も、まだ律令国家に対する反乱とは無縁の位置にいたからである。それではそのころ純友は何をしていたのだろうか。冒頭で簡単に触れたように、じつは反乱どころか、非法行為をする海賊を取り締まる立場にいたのである。そのことを理解するためには、純友の出自についてみておく必要がある。

純友の出自を記した史料は大きく二つに分かれる。そして、その二つの記述内容が大きく異なっている。一つは、純友の子孫を称する九州の大名有馬《ありま》氏や、その同族大村《おおむら》氏に伝えられた系譜で、『系図纂要』（巻二六）に収められた有馬系図には、純友について「実は伊予国の前国司高橋友久《さきのこくしたかはしともひさ》の子」と記され、大村家に残された『大村家譜』にも、「実は伊予河野高橋前司友久の男、伊予大洲館主」などと記されている。純友の系譜について記したもう一つの史料は、『尊卑分脈《そんぴぶんみゃく》』に記されているもので、それによると、純友は藤原良《ふじわらのよし》範《のり》の子で、その良範は従五位下《じゅごいのげ》の官位を持ち、筑前守、大宰少弐《だざいのしょうに》などを歴任したれっきとした律令官人である。前者に従えば純友は、伊予の豪族の出身ということになり、後者によれば、都に拠点を置く律令官人藤原氏の一族ということになる。

　かつては純友の土着性を重視し、その行動を伊予の地域社会との関係でとらえようとする見方が強かったから、前者の立場をとる研究者もいたが、近年は、史料の内容からみても、その成立時期から考えても後者のほうが信憑性《しんぴょうせい》が高いということで一致している（小林昌二「藤原純友の乱研究の一視点」）。とすると、純友は、京都に拠点を置く律令貴族藤原氏の一人ということになるが、『尊卑分脈』をみてみると（図4参照）、それだけではなく、純友の周辺には藤原氏の「大物」が数多く存在しているのである。

　良範―純友らは、藤原北家《ほっけ》発展の基礎を築いた冬嗣《ふゆつぐ》の子の長良《ながら》流に属するが、良範のおじには藤原家で最初に関白になった基経《もとつね》がいる。基経はおじ良房《よしふさ》の養子となって良房流を継いだが、その子には、菅原道真《すがわらのみちざね》と勢力を競った時平《ときひら》がいるし、その弟忠平《ただひら》は、太政大《だいじょうだい》

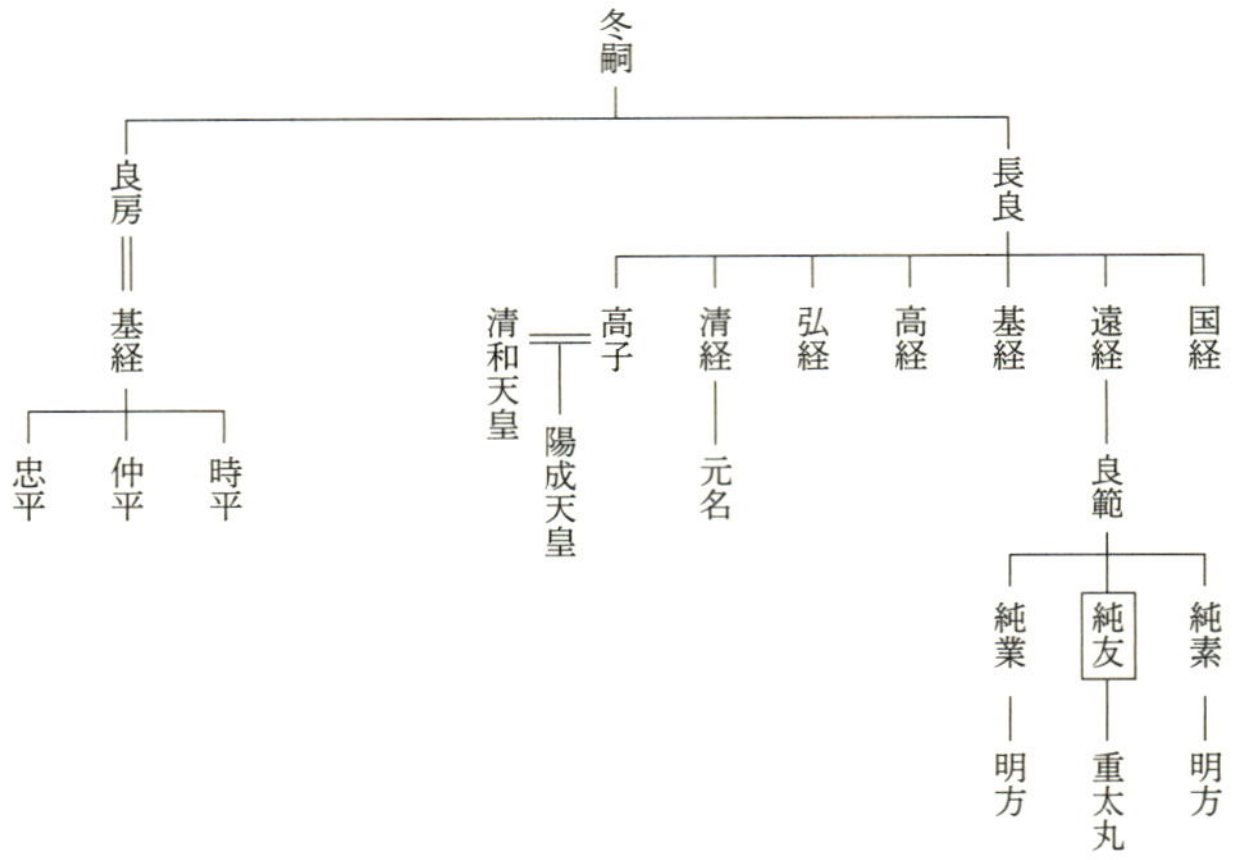

図4　藤原純友関係系図

臣《じん》・摂政・関白を歴任するなど、承平～天慶期の最高権力者の地位にあった人物である。そのような点からみると純友は、藤原氏の中においても決して傍流ではなく、中央の権力の中枢に意外に近いところにいたことがわかる。

そのような純友が、なぜ海賊とかかわりを持つようになったのか。そのきっかけは、伊予掾《じょう》に就任したことだろう。伊予掾は、四等官制《しとうかんせい》のナンバー3で、貴族としては決して高い地位ではないが、地方統治の面では重要な職責を担うといえる。純友が伊予掾の任についた時期ははっきりしないが、当時、長良流藤原氏の中心にいた元名《もとな》が承平二（九三二）年に四等官制トップの伊予守に任命されているので、近親者を介《すけ》（ナンバー2）や掾に配置して治国に当たろうとした可能性がある。純友もそのような縁で伊予掾に任用されたのではないだろうか（福田豊彦「藤原純友とその乱」）。

活発化する海賊活動

純友が伊予掾の任についた承平二年ごろというのは、しばらく鳴りを潜めていた海賊の活動が再び活発になり始めた時期である。時の最高権力者であった藤原忠平の日記『貞信公記《ていしんこうき》』には、しばしば海賊の記事がみえる。延長九（改元して承平元）年正月条には、忠平が海賊について奏上したことがみえ、翌承平二年の四月には、追捕海賊使を定めるように指示したことがみえる。また、同年一二月には海賊について備前国から報告があったことが記されている。これらの記述はいずれも断片的で詳細は不明だが、政権の中枢で海賊のことが問題になり始めていたという状況をうかがうことはできる。

承平三年一二月には、南海道の国々において海賊が追捕されないので国々に警固使を遣わし、翌四年四月、五月には各地の神社に奉幣使《ほうへいし》を送って海賊平定を祈り、七月には兵庫允《ひょうごのすけ》在原相安《ありわらのすけやす》が諸国兵士や武蔵兵士を率いて海賊追捕のために現地に向かい、さらに一〇月には追捕海賊使を定めるという具合である。そして承平五年には、前年末に伊予国喜多《きた》郡（愛媛県大洲《おおず》市とその周辺）に蓄えられていた穀物三千余石が海賊に運び去られるという事件のあったことが報告されている（『扶桑略記』）。紀貫之《きのつらゆき》が土佐国からの帰任の途次、阿《あ》波《わ》国あたりで海賊の出没に脅えたのもこのころのことである。

ここでもそれぞれの記事は断片的で、出来事の詳細はわからない。だが、瀬戸内海やその周辺で海賊と称せられる勢力が活発に動き回っていることは間違いないようである。では、このころ瀬戸内海周辺では何が起こっていたのか。また、当時の政権から海賊と呼ばれているのはどのような人々だったのか。

史料が限られているために論者の意見はまちまちである。新しい純友研究に先鞭《せんべん》をつけた小林昌二氏は、寛平《かんぴょう》・延喜《えんぎ》の国制改革（九世紀末～一〇世紀初頭に宇多天皇、醍醐《だいご》天皇や藤原時平が主導した地方制度改革）時に、国司による国内政治支配の強化によって締め出された「前司浪人」（前の国司に従っていて地位を失った者たち）と国衙《こくが》（在地の官庁）の対立が激化するという社会背景のもと、瀬戸内海地域の海上交通・交易にかかわった者たちが、国衙支配に反発する勢力と結びついたものとみる（「藤原純友の乱」）。また将門研究に大きな実績を残し、純友研究にも取り組んだ福田豊彦氏は、九・一〇世紀の海賊像全体を見渡して、律令体制の公民の肩に依存した陸路中心の運脚輸送から船中心の運輸体系への大転換を背景に力を強めた運輸業者集団が海賊の実態とみる（「藤原純友とその乱」）。

さらに、海賊問題を平安時代の国制改革や王朝国家への転換との関連の中で理解しようとする下向井龍彦氏は、部内居住衛府舎人《えふとねり》という存在に着目し[3]、寛平・延喜の国制改革の中で、衛府舎人の人員を削減し、特権を否定しようとする国衙権力と対立し、追い詰められて国衙権力に抵抗した、伊予・讃岐・備前・播磨など「縁海国」居住の衛府舎人が承平海賊の実態だと主張する（「部内居住衛府舎人問題と承平南海賊」）。

このように承平期の海賊の実態をどうみるか、各論者の意見の隔たりは大きい。ただ、海賊を単なる海の無法者とみるべきではないという点では共通している。重要なのはこの点で、さらなる実態の解明は今後の研究にゆだねなければならないが、ここでは、一〇世紀の海賊が、特定の社会状況の中で生み出されたすぐれて政治的な存在であったことを確認しておきたい。

「南海賊徒首」

ではそのような承平期の海賊と、純友はどのような関係を持っていたのだろうか。かつてはそのような海賊を率いていたのが純友だと考えられていた。『日本紀略』承平六年六月条に次のような記述があるからである（比較の必要上あえて書き下しのまま示してみることにする）。

〔史料1〕（『日本紀略』）

六月某日、南海賊徒首藤原純友、党を結びて伊予国日振島《ひぶりじま》に屯聚《とんしゅう》し、千余艘を設け、官物私財を抄劫《しょうごう》す。ここに紀淑人《きのよしと》を以て伊予守に任じ、追捕のことを兼行せしむ。賊徒其の寛仁なるを聞きて、二千五百余人、過《あやまち》を悔い刑に就く。魁帥《かいすい》小野氏《おのうじ》彦《ひこ》・紀秋茂《きのあきしげ》・津時成《つのときなり》等、合せて三十余人、手を束ね交名《きょうみょう》を進め、帰降す。即ち衣食田畠を給す。種子を行ひ、農業を勧めしむ。これを前の海賊と号す。

これをみると、「南海賊徒首」となった純友が、伊予国日振島（愛媛県宇和島市）を拠点にして千余艘の船を集めて「官物私財」を略奪するなどの海賊行為をなしたが、紀淑人が伊予守に任じられて海賊追捕のことに当たるようになると、賊徒はその「寛仁」なるを聞いて、二千五百余人が降伏して刑に服し、小野氏彦など主だった者も降伏の後は農業に従事するようになった、という事情を読み取ることができる。これをみる限り純友は、承平六年の時点で海賊を率いる立場にあったと読める。ところが同じ出来事を記している『扶桑略記』には、次のような記述がある。

〔史料2〕（『扶桑略記』）

夏六月、南海道の賊船千余艘、海上に浮かび、官物を強取し、人命を殺害す。仍て上下の往来人物通わず。勅して、従四位下紀朝臣淑仁を以て賊地伊与国の大介《おおすけ》に補し、海賊追捕のことを兼行せしむ。賊徒其の寛仁・泛愛《はんあい》の状を聞きて、二千五百余人、過を悔い刑に就く。魁帥小野氏寛・紀秋茂・津時成等、合せて三十余人、手を束ね交名を進め、降りて帰伏せんことを請う。時に淑仁朝臣、皆寛恕を施し、賜うに衣食を以てし、田疇《でんちゅう》を班給し、種子を下行し、耕について農を教う。民烟《みんえん》ようやく静まり、郡国興復す。

両書は明らかに同じ出来事を記しているが、記述には微妙な食い違いがある。最も肝心な「南海賊徒首藤原純友」「伊予国日振島に屯聚」などの語が、『扶桑略記』にはみえないのだ。近年では、両記事を詳細に比較検討した結果、『日本紀略』の「南海賊徒首藤原純友」「日振島」の部分は、後世の潤《じゅんしょく》色であることが明らかにされている。そうなると、承平六年六月の時点で純友は「南海賊徒首」ではなかったことになる。ではそのころ純友は何をしていたのか。

別の史料をみると、『本朝世紀《ほんちょうせいき》』に引用された、伊予国からもたらされた解状《げじょう》（報告書）には、前伊予掾である純友が、去る承平六年に海賊を追捕すべしという宣旨を受けたと記されている。また『吏部王記《りほうおうき》』という、当時の皇族の日記の承平六年三月某日条にも、この日(三月のある日)前 掾《さきのじよう》純友が、「党を聚《あつ》めて」伊予に向かい、「河尻掠内」(「掠内」はもとは「椋内《くらのうち》」であったと考えられ、港内の意と理解されている。河尻《かわじり》は摂津《せつつ》国神崎川《かんざきがわ》の河口で、現在の兵庫県尼崎市《あまがさき》)に留まっていると記されている。これらをみると、承平六年六月の時点では、純友は「南海賊徒首」どころか、その追捕を政府から命じられる立場にあったことがはっきりする。

それでは、承平六年三月に都から海賊追捕に向かった伊予の現地で、純友は何をしたのか。じつはそれについてはよくわからない。わかっているのは、そのころ伊予の現地で海賊対策に当たっていたのが紀淑人という人物であり、紀淑人は承平六年五月に伊予守に任じられ、海賊対策に実績をあげ、それによって承平期の海賊の活動は一段落したということである。

先に引用した『日本紀略』や『扶桑略記』の記事には、賊徒は淑人の「寛仁」なるを聞いて二千五百余人が過を悔いて刑に就いたと記されている。おそらく、老練な地方政治家であった紀淑人の「寛仁」で巧みな説得工作が功を奏したのであろう。問題はその説得工作に純友がどの程度かかわったかだが、これについても、研究者の意見は異なる。純友が伊予に下った時期から考えてあまり大きな役割を果たしていないという見方もあれば(寺内浩「藤原純友と紀淑人」）、純友の役割を高く評価し、紀淑人が成功したのは純友が海賊勢力に対して説得工作をおこない、投降のお膳立てをしたからであるという見方もある（下向井龍彦「承平六年の紀淑人と承平南海賊の平定」）。

いずれにしても、承平六年の前半に純友は伊予国に下ったが、それは海賊たちの反乱に加わるためではなく、収めるためであった。このようにその時点での純友の立場ははっきりしたわけだが、ではそれまでは純友と海賊との接点はまったくなかったかというと、そうでもないだろう。この時ほかならぬ純友に海賊追捕の声がかかったとすれば、それは政府要人たちの間に、純友なら海賊問題に対応できるという期待があったからであり、それにはかつて純友が伊予掾の任にあったことが無関係ではないはずだからである。史料は何も残されていないが、純友はかつて伊予掾の在任期間中に海賊集団との間に何らかの接点を持ち、場合によっては交渉もおこなっていたのではないだろうか（岡田利文「承平六年の藤原純友」）。

3　天慶の乱

摂津国での事件

そのような純友だったが、やがて反乱の中に身を投じていく。そのきっかけになったのは、天慶二（九三九）年一二月二六日の備前介藤原子高《さねたか》襲撃事件である。

それより一〇日ほど前の一七日に、都の藤原忠平のもとに伊予国からの報告が届いた。純友が船に乗って海上に出ようとしているので、都へ召し戻してほしいというのである（『貞信公記』）。『本朝世紀』には伊予からの報告書の内容がもう少し詳しく書かれている。それによると、純友が兵を率いて海に出ようとして国内は大騒ぎとなり、今までともに海賊追捕に当たっていた伊予守紀淑人《きのよしと》が制止しても純友は承引しないという。

純友が伊予を出奔して向かった先は備前国らしい。ではその備前国では何が起こっていたのか。どうも純友の盟友で当時備前国に土着していた藤原文元《ふみもと》が、国内支配をめぐって備前介藤原子高とトラブルを起こしていたらしい。純友はその両者の対立の調停に向かったものと思われる（下向井龍彦「天慶藤原純友の乱についての政治史的考察」）。しかし、その調停はうまくいかなかったようで、一二月二六日の文元らによる子高襲撃事件として表面化した。

最も信憑性の高い『貞信公記』は、子高の従者が都に駆けこんで、子高が純友の兵士のために虜《とりこ》にされたと記すのみだが、関連史料を総合すると、事件は以下のようであったらしい。純友の「暴悪」について政府に報告しようとして子高が妻子を連れて都へ向かっていたところ、それを聞いた純友が、仲間の文元らに子高を追わせ、摂津国須岐《すき》駅（兵庫県芦屋《あしや》市に所在した芦屋駅と考えられている）で合戦に及び、純友の郎党が雨のように矢を放って子高をとらえ、さらに子高の子息を殺害した。こうして純友は反乱に一歩を踏み出した。西の天慶の乱の始まりである。

微妙な駆け引き

ただし純友が、そのままっしぐらに律令政府との全面対決に突き進んでいったのかというと、必ずしもそうではなかった。律令政府のほうもすぐに力ずくで反乱を抑え込もうとする姿勢はみせていない。こののち半年余りの間、純友と政府の間で微妙な綱引きの期間が続くのである。年が明けて天慶三年正月には、純友が政府によって従五位下に叙せられている。反政府行動の当事者への対応としてはいささか奇妙である。また二月には、伊予に下っていた純友の甥の藤原明方《あきかた》が、伊予国の解文《げぶみ》（報告書）と一緒に純友の申状《もうしじょう》を持ち帰っている。純友の申状の内容は不明だが、前年末以来のみずからの行動について弁明したものだったろうことは推測がつく。

さらに三月二日には、純友に五位の位記（五位叙任を伝える公式文書）を渡すために伊予に下っていた使者が、純友の「悦《よろこび》を申す状」を持ち帰ったことも確認できる。純友は政府から従五位下に叙せられたことに感謝の意を伝えているのである。この間二月二二日には、純友が船に乗って海上に出たとの情報ももたらされているが、この時の具体的な行動は明らかではない。

このように天慶二年一二月の事件以後、純友は行動を慎み、政府もその純友に対して融和的な姿勢をみせている。この理由は、関東の将門の動きと関連していると考えられる。将門は、天慶二年一一月に常陸の国衙を占領し、一二月には新皇《しんのう》と称して律令政府に反旗を翻す姿勢を鮮明にしたが、数ヵ月後の二月には、平貞盛《たいらのさだもり》や藤原秀郷《ふじわらのひでさと》らの追討軍に討たれ、東国の反乱は終息した。律令政府が純友に融和的な姿勢をとってきたのは、将門への対応をふまえて、両面作戦を避けるためであったが、その将門の乱が終息したこの時期は、政府にとっては将門追討の軍事力を瀬戸内海の騒乱鎮圧に向けるための準備期間だったとみることもできるだろう。

そのような政府の公的な立場だけではなく、この背景には、純友独特の事情もみることができる。純友が系譜上、藤原氏の嫡流と遠くない位置にあったことを考慮すれば、純友が藤原氏嫡流の家人として、中央貴族全体の利益を代表して活動していた可能性もありうるのだ。政府の側にも、そのような関係への配慮と躊躇《ちゅうちょ》があり、純友の側も中央貴族とのかかわりを意識しながら行動したということが考えられる。この時期、純友は、中央との密接なつながりを遮断してしまうことは慎重に避けつつ、政治的な駆け引きを通じてみずからの要求の実現を図ろうとしていたのではないだろうか（小林昌二「藤原純友の乱研究の一視点」）。

このように、天慶三年の夏ごろまでは比較的静穏な時期が続いた。だが、八月ごろから純友の率いる海賊勢力の動きが再び活発になり、各地の政府機関を襲撃し始める。八月二六日には、伊予国や讃岐国からの急使が都に着き、同月一八日に「賊船四百余艘」が襲来し、「人民舎宅、供御人等」を焼き払い、伊予国を侵したのち讃岐国へ攻めてきたと伝え、別の記事には、備前・備後の両国で兵船百余艘を焼き払ったともみえる（『師守記』）。また、八月二九日には、紀伊国からも「南海賊」のことについて報告が寄せられた（『日本紀略』）。この時点で純友は本格的な反乱に突入したと言えよう。

ところで、ここには「賊船四百余艘」で純友軍が襲来したとみえ、先の史料1・2にも

図5　海上で戦う純友（右、『楽音寺縁起絵巻』、楽音寺蔵）

賊船「千余艘」とみえた。これらの数値が必ずしも正確な実数を示しているとは言えないだろうが、純友らが多数の船舶を動かす力を持っていたことは間違いなさそうだ。では、「賊船」とはどのような船なのだろうか。彼らの船の実態を記した記録は見当たらないが、図5に示した絵巻物の一場面は、一つの参考になるだろう。これは、安芸国楽音寺《がくおんじ》を創建した藤原倫実《ともざね》という武士の純友追討の武勲を描いた『楽音寺縁起絵巻』という絵巻物の一場面で、倫実軍（左）と純友軍（右）が海上で戦っているところである。純友関係の記録の中には倫実のことはみえないので、これが史実を描いているかどうかはわからないが、当時の軍船の様子などを知る手掛かりとすることはできるだろう。

なぜ反乱に

それにしても承平期には、伊予守紀淑人と協力して海賊を追捕したり、説得したりする立場にあった純友が、天慶二年末に至ってなぜ反乱にくみするようになったのだろうか。純友がみずから意思を表明した史料があるわけではないから、理由は状況から判断するしかない。いきおいいろいろな見方が出てくるが、それらは必ずしも一致しない。いずれにしても、純友側に当時の政府に何らかの不満があったことは間違いないだろう。下向井龍彦氏はそれを、海賊追捕の勲功賞に対する不満であるとする。承平海賊の実態が、特権を奪われて追い詰められた瀬戸内海沿岸諸国居住の衛府舎人（四八～四九ページ参照）であったとする下向井氏は、それとの関連で、純友の行動について次のように述べる。

承平六年三月、在京中の藤原純友は、海賊追捕宣旨を受けて伊予に向かったが、その任務は、承平海賊を平定することであった。六月には、南海賊二五〇〇人が紀淑人の「寛仁」なるを聞いて投降してきたが、それは三ヵ月前に入部していた純友が海賊勢力に対して説得工作をおこない、投降のお膳立てをしていたからであり、その意味で純友は承平南海賊平定の最高殊勲者である。にもかかわらず、純友の「軍功」申請は取り上げられず、握りつぶされた。この「軍功」申請の黙殺に対する不満、すなわち三年半前の海賊平定の際の恩賞要求が、天慶二年一二月の純友蜂起の主体的な要因である（「承平六年の紀淑人と承平南海賊の平定」）。

このように考えると、純友の不満のありかがよく理解できるが、純友と承平海賊とのかかわりの実態を今後明らかにする必要があるだろう。

その後の純友の姿を追ってみよう。いったん活動を始めると、純友の動きは早かった。天慶三年八月の時点で、伊予・讃岐・備前・備後国が純友軍に襲撃され、紀伊国にも出没していることは先に述べた。九月に入ると、阿波国から二度にわたって急使が届き、讃岐国からは、海賊の一人紀文度《きのふみのり》を捕えたとの連絡が入った（以下、純友の動きは『日本紀略』『師守記』『本朝世紀』によるが、いちいち典拠を示すのを省略する）。讃岐・阿波など四国東部の沿岸で純友軍と追討軍の間で激しい戦闘がおこなわれている状況を知ることができる。一〇月には、安芸と周防から急使が届き、大宰府追捕使在原相安《ありわらのすけやす》らの兵が純友軍に敗れたことを伝えた。ここでは戦いの場が瀬戸内海西部の山陽沿岸に移っていることがわかる。一一月には、周防からの急使が、鋳銭司《じゅせんし》が焼かれたことを報告した。鋳銭司は当時の唯一の銭貨発行機関で、この時、周防国吉敷《よしき》郡に周防鋳銭司が置かれていた（現在も山口市に鋳銭司《すぜんじ》という地名が残っている）。純友軍が鋳銭司を焼き払ったのは、国家唯一の銭貨鋳造機関の機能を停止させることにより、都の経済を混乱させようというねらいがあったと考えられる（岡田利文「周防鋳銭司と古代伊予」）。

このように純友軍の活動は、瀬戸内海沿岸を中心に展開されている。これは、もと伊予掾として海賊勢力とのつながりを深めたらしい純友の経歴を考えれば自然の成り行きと思われるが、この時期の純友の活動地点として一つだけ瀬戸内海から外れたところがある。それは、土佐国幡多《はた》郡（高知県四万十《しまんと》市とその周辺）である。土佐国の西端にあたるこの地に純友軍が姿を現したのは、一二月のことである。当時の記録は、「八多郡」が海賊のために焼亡し、合戦の間に味方の軍勢も賊軍も多くの者が矢にあたって戦死したと記している。激戦であったことがわかる。

伊予国日振島

しかしそれにしても、なぜ純友軍は本来の活動範囲から遠く離れた土佐国幡多郡まで遠征したのだろうか。その理由はよくわからないが、おそらく純友軍が拠点としたといわれる伊予国宇和郡の日振島と関係があるのではないだろうか。

伊達《だて》氏一〇万石の城下町宇和島《うわじま》の港を高速艇で出発すると、五〇分ほどで南北に細長い島影が前方に迫ってくる。これが日振島である。面積約三・二五平方キロメートル、人口三〇〇人余。かつて鰯網《いわし》漁で栄えたこの島にも過疎の波が容赦なく押し寄せている。島内中央部の明海《あこ》の集落には純友伝承が残っている。集落背後の標高八〇メートルほどの城ヶ《じょう》森《もり》と呼ばれる丘陵は、純友の砦跡と伝えられている。現在残されている曲輪《くるわ》・土塁・堀切などの遺構は、明らかに戦国期のものだが、そこからの眺めは、人々が純友の砦跡と言い伝えるのもさこそとうなずかせる。眼下には波静かな入江を望み、東方・北方に向かってははるかかなたにまで視野が広がっている。ここに拠る限り、宇和海を航行する船の動きを正確に把握することができただろう。

このように、日振島は魅力的な島であり、さまざまな純友伝承も残されているが、この日振島が長らく純友研究者を悩ましてきた。本当に純友はこの島を拠点にして海賊活動をおこなったのだろうか。もしそうだとすると、いったいなぜ、このような島を拠点にしたのか。このような疑問がわくのには二つの理由が考えられる。

一つは日振島の地理的な位置の問題である(図3参照)。日振島は前記のように確かに魅力的な島ではあるが、さりとて瀬戸内海の交通や舟運を考える上でそれほど枢要《すうよう》な位置にあるわけではない。日振島の位置する宇和海は、伊予国の西端に長く突出している佐田岬《さたみさき》半島によって瀬戸内海から隔絶され、いわば別世界を形成しており、日振島は、その一角に位置する一小島に過ぎないのである。確かに九州の豊後国や日向国にもほど近く、大隅《おおすみ》国《くに》を含めた地域からの物資輸送を考える時には一定の役割を果たしただろうが、瀬戸内海の幹線航路に出るためにはかなりの距離がある。日振島の位置や景観に、瀬戸内海を広範囲に行き来して活動した純友のイメージとうまく重ならない部分があることは否定できない。

純友と日振島に関する第二の疑問は、その史料的根拠である。かつては純友と言えばすぐに日振島が思い浮かべられるほど両者の結びつきは強固であったが、その史料的根拠をたどってみると、意外に薄弱であることに気づかされる。純友関係史料で日振島の名がみえる唯一のものは、前記史料1の『日本紀略』の記事である。従来は、この記事が純友の海賊行為の発端を告げるものとして注目され、日振島も「千余艘」の海賊たちの船が「屯聚」した島として関心を集めてきたが、先にも述べたように、近年では「南海賊徒首藤原純友……伊予国日振島に屯聚し」の部分は、後世の追記で当時の状況を反映したものではないと考えられている。

とすると、日振島は唯一の史料的根拠を失うことになる。しかし一方では、まったく何もないところから『日本紀略』の編者が、日振島という、都びとにとってさほどなじみがあるわけでもない地名をわざわざ持ち出すとも考えにくい。そうすると、『日本紀略』のもとになった史料には日振島の名はなかったとしても、編者が後にこの記事を記すに当たって日振島の名を持ち出したのは、やはり何らかの記録なり記憶があってのことだと考えられる。

ということで、日振島が純友の海賊活動において何らかの役割を果たしたことまでは否定できないだろう。天慶三年の冬に、それまで八月からずっと政府軍と戦い続けてきた純友軍が、いっときの拠点として日振島に身を潜めたのではないかという見方もある（下向井龍彦『純友追討記』）。いずれにしても、その日振島から土佐国幡多郡の中心部までは、豊後水道を抜け、足摺岬《あしずりみさき》を回ればすぐである。おそらく日振島に拠点を置く純友軍の一部が、土佐国にも足を延ばそうとして同国幡多郡に至り、そこで土佐の国司軍との間で合戦になったのだろう。

またのちのことになるが、純友の反乱終息後の残党追捕の記事の中に、「純友の次将」佐伯是基《さえきのこれもと》が日向国に襲来したこと、また「賊首」桑原生行が豊後国佐伯院（大分県佐伯市）に襲来したことなどが記されている（『本朝世紀』）。日向国といい、豊後国佐伯院といい、日振島からは豊後水道を渡ればすぐの地である。このような九州の勢力との結びつきも、日振島を介在させることで理解しやすくなる。

大宰府での敗北

このように、天慶三年の八〜一二月には純友軍が瀬戸内海とその周辺で猛威を振るっていた。そのような状況をみると、この時期の純友について、海賊たちの先頭に立って暴れまわり、追討にあたる政府軍をかきまわしているようなイメージを抱きがちだが、おそらくそれは正しくない。純友の出自や承平期の活動から考えれば、この時期の純友の戦略は、中央との密接なつながりを背景に政治的な駆け引きによって海賊勢力の要求について政府から妥協を引き出すというところにあったのではないだろうか。だが、事態は純友の思惑とは異なる方向に動き、政府軍と全面的に衝突することになった。そこには、過激化する配下の者たちにずるずると引きずられて当惑する純友の姿がみえるような気がする（岡田利文「藤原純友の視線」）。

このような純友軍の動きを政府ももちろん黙ってみていたわけではない。純友が本格的に活動を開始した天慶三年八月は、関東での将門の反乱が鎮圧されて約半年が過ぎた時期であり、政府としても純友との軍事的対決の準備が整いつつあった。その八月には、政府は石清《いわし》水八幡宮《みずはちまんぐう》等一二社に奉幣して「南海凶賊」の討滅を祈る一方、右近少将小野好古《うこんのしょうしょうおののよしふる》（三蹟の一人として著名な小野道風《とうふう》の兄）を追捕山陽南海両道凶賊使に任命し、さらに宇治《うじ》・淀《よど》・山崎《やまざき》（いずれも瀬戸内海から京都に向かう際の重要地点）に警固使を派遣している。一方で追討軍を編成し、他方では京の守りを固めるということだろう。

八月から一二月にかけての時期には純友軍が猛威を振るっていたが、年が明けて天慶四年になると少しずつ流れが変わってくる。正月二一日には、伊予から前山城掾藤原三《さきのやましろのじょうふじわらのみ》辰《たつ》の首が進上された。三辰は「海賊中暴悪の者」とされ、讃岐の反乱の発端をつくった人物である。また二月九日には、讃岐からの急使が、追討に当たっていた兵庫允《ひょうごのすけ》宮道忠《みやじのただ》用《もち》・藤原恒利《つねとし》等が伊予で海賊を討ったと報告した。『純友追討記』は、純友の次将であった恒利が賊軍を脱出して、純友と戦っていた讃岐介藤原国風《くにかぜ》のところに来た、と記している。政府軍の寝返りを誘う工作が成功したのだろう。讃岐や伊予で、政府軍による追討が進みつつあった状況を推測することができる。

そのような状況に押されたのだろうか、純友は北九州方面に活動の場を移したらしい。五月二〇日に大宰府や博多津で政府軍と純友軍が衝突し、小野好古率いる政府軍が純友軍を打ち破った。純友は博多津から上陸して、西国統治の拠点である大宰府を襲撃することによって劣勢を挽回しようとしたのだろう。後年、宇佐《うさ》八幡宮《はちまんぐう》でまとめられた記録によると、天慶四年に純友が乱入してきたとき、空《から》の神輿《しんよ》を純友らに向けたところ、おそれをなして宮の中に入らなかったと記されているから（『宮寺縁事抄』四）、純友は豊前国を経由して博多方面へ向かったのだろう。また、大宰府の観世音寺《かんぜおんじ》でまとめられた資材帳（財産目録）をみると、天慶四年に海賊のために鏡四面が盗み取られたり、釈迦牟尼仏《しやかむにぶつ》の右手が落ちたりしたと記されているから、大宰府方面で激戦が展開され、近隣の寺社も被害を受けたことがわかる（『観世音寺文書』）。

博多津・大宰府で敗れた純友は、本拠伊予へ逃げ戻ったが、六月二〇日に同国警固使橘《たちばなの》遠保《とおやす》のために、息子重太丸《しげたまる》とともに討ち取られた。七月には遠保によって純友と重太丸の首が都に届けられた。残っていた純友の仲間たちも逃れた先の播磨国や但馬《たじま》国で打ち取られた。こうして純友の乱は終息し、律令政府は、一〇月に山陽南海両道諸国の警固使、押領使等を廃止した。

以上、藤原純友と彼のかかわった海賊集団の姿を追ってきた。純友といえば、古代の海賊の代名詞的な存在でありながら、なかなか統一感のある人物像を示すことができず、いたずらに読者を混乱させるばかりではなかったかとおそれている。これはもちろん筆者の力量不足によるものだが、同時に、純友については、将門の場合の『将門記《しょうもんき》』のような良質でよくまとまった史料がなく、限られた史料の解釈をめぐって研究者間の意見の相違が大きいことも影響している。そのような中で本章が示したかったのは、純友や純友がかかわった海賊が、一〇世紀の政治的状況の中で生み出された存在だったということだ。海賊という特別な社会勢力が存在したのではなく、本来追捕する側であった者が一つのボタンのかけ違いによって今度は政府から海賊と呼ばれるようになるという危うい状況。そのような中で、もともと摂関権力の中枢近くにいながらも、海賊と呼ばれる立場に転じたのが純友であったと言えよう。

なお、藤原純友の反乱が終息したのちも各地の海域において海賊が姿を消してしまったわけではなく、当時の貴族の日記などをみてみると、海賊の出没を伝えたり、それに対する追討使の派遣を伝えたりする記事が散見される。大規模な政治的活動は治まっても浦々の海賊の活動は続いていたものと思われる。それらは大きな社会問題となることはなかったが、一二世紀の前半には、当時備前守であった平忠盛《たいらのただもり》(清盛《きよもり》の父)がたびたび海賊追捕に従事しているのが目を引く。ただ、忠盛が捕らえた海賊については、当時の貴族は、「これは賊ではなく、忠盛の意向に従わない者を賊と称して捕らえたものだ」などと冷ややかにみているから(『長秋記』)、どこまで海賊の実態を伝えたものかは疑わしい。

第二章　松浦党と倭寇

1　平氏をささえた海上勢力

『平家物語』にみえる海上勢力

松浦党という呼称が最初にみられるのは、『平家物語』である。同書巻一一「遠矢《とおや》」の条には、一一八五（元暦二）年三月の壇《だん》ノ浦《うら》での海上戦に際して、平家方は千余艘の軍船を三手に分け、そのうちの第二陣に松浦党の三百余艘が位置付けられたことが記されている。これをみると平家方水軍の重要部分を松浦党が担っていたことがわかるが、一方それに先立つ屋島《やしま》での戦いの際には、九州から松浦党が、臼杵、戸次《へつぎ》の一族と同心して源氏方として押し寄せてくるとの情報が記されているから、必ずしも平家方として一貫した行動をとっていたわけではなさそうである。

その平家は、清盛が政権を握った当初から海とのかかわりを重視していた。清盛が安芸国の厳島神社を深く信仰し、後白河《ごしらかわ》上皇や平家一門の者たちとたびたび厳島参詣に赴いたことや、日宋貿易の利益に着目して大輪田《おおわだ》の泊りを修築するなど、瀬戸内海航路の整備に意を注いだことはよく知られている。こうした平氏政権の海上活動をささえたのは清盛によって組織された各地の海上勢力であった。そのような海上勢力のうち名のあるものを源平争乱期の『平家物語』の記述から拾ってみると、北九州の山鹿《やまが》秀遠《ひでとお》（『平家物語』は山賀とも記す）、備後国鞆《とも》（広島県福山市）を拠点とする額《ぬか》（史料によっては奴可《ぬか》とも書く）入道西寂《さいじゃく》、阿波国の有力者民部《みんぶ》大《だ》夫重能《ゆうしげよし》などをあげることができる。

山鹿秀遠は、先記の壇ノ浦での軍船配置の際に五百余艘を率いて先陣を受け持った人物である。名乗りからもわかるように、筑前国山鹿庄（福岡県芦屋《あしや》町から北九州市若松区にかけての一帯）を本拠とする武士で、一一八三（寿永二）年一〇月に、大宰府にいた平氏一門が緒方惟義《がたこれよし》らに攻められて長門国に逃れた時にも、秀遠が山鹿の城に迎えた実績がある。『平家物語』は壇ノ浦における秀遠について、九州一の精兵で、五〇〇〇人の兵を船々の「艫《とも》舳《へ》」（船尾と船首）に立てて一列に並べて五〇〇〇の矢を一斉に放ったと記している。このような水軍力は、山鹿庄が筑前国東部の遠賀《おんが》川の河口に位置し、遠賀川水運と北九州沿岸水運の結節点に当たっていて、対岸の芦屋津とともに重要な海上活動の拠点になっていたことと無関係ではないであろう（一〇六ページの図10参照）。

一方、額入道西寂が拠点とした備後国鞆も、瀬戸内海中部の重要な港である。鞆は、直径五〇〇メートルほどの小さな入江に開けた港で、その沖合は東の紀伊水道と西の豊後水道から入ってきた潮流がぶつかり合う地点に当たっていたから、早くから風待ち、潮待ちの港として栄えていた。また港の近くには小松寺《こまつでら》があって、小松殿と呼ばれていた平重盛《しげもり》にかかわる伝承も残されているから、平氏との縁も浅からぬものがあったものと思われる。そのような鞆の港を支配した西寂の本貫地は、名乗りから判断して備後国山間部の奴《ぬ》可《か》郡にあったと思われる。どのように鞆に進出してきたのかはわからないが、後述するような数千人にも及ぶという軍勢の数から判断して、平氏の「備後方面軍司令官」のような地位にあったという意見もある（齋藤拓海「備後国の平氏家人奴可入道西寂について」）。

その西寂が平氏から与えられた任務は、瀬戸内海を間に挟んだ対岸伊予国で勢力を増しつつあった源氏方の海上勢力河野氏の討伐であった。『平家物語』（巻六）によると、一一八一（治承五）年二月、ようやく各地の反平氏勢力の活動が活発になったころ、伊予国の住人河野四郎通清《みちきよ》が平氏に背いて兵を挙げたとの報が都に伝わった。そこで、額入道西寂は、三千余騎を率いて伊予国へ押しわたり、同国の高直城（高縄《たかなわ》城、愛媛県松山市北条）を攻めて通清を戦死させた。

通清の子通信《みちのぶ》は、安芸国の住人奴田《ぬた》次郎が母方の伯父だったのでそこへ渡って難を逃れたが、なんとかして西寂を討ち取りたいと隙をうかがっていた。西寂は四国の狼藉を鎮めて備後の鞆へ押しわたり、「遊君遊女」どもを召し集めて遊び戯れ、酒盛りをしていたが、そこへ通信が覚悟を定めた者ども百余人とともに押し寄せた。西寂のほうも三百余人で応戦したが、にわかのことでかなわず、通信に生け捕りにされた。通信は西寂を連れて伊予国に帰り、父が討たれた高直城で、鋸《のこ》で首を切ったとも磔《はりつけ》にしたともいう。

西寂の討伐の対象となった河野氏も、伊予の海上勢力として知られる一族である。ここでは瀬戸内海を間に挟んで、西寂と河野氏がそれぞれ平家方、源氏方として、一族の遺恨をも引きずりながら、芸予諸島海域の制海権を争っている状況を読み取ることができるだろう。

阿波民部大夫

しかし、平家方の最強の海上勢力は何といっても阿波国の民部大夫重能であろう。重能（成良とも）は、『平家物語』などには阿波民部大夫重能とか、子の教能《のりよし》（則良とも）が田内《でんない》左衛門尉《さえもんのじよう》教能などと記されている一族である。民部大夫重能の名は、『平家物語』や源平争乱期の諸記録にはたびたび姿をみせるが、阿波国内での姿は必ずしも明確ではない。そもそもその本姓についても明記した記録がなく、田口姓とする説がある一方、近年では粟《あわ》田《た》姓とする説も唱えられている（野口実「十二世紀末における阿波国の武士団の存在形態」）。いずれにしても、阿波国衙にかかわる在庁官人であったことは間違いないようで、その水軍部門を担当する船所《ふなどころ》にかかわり、それによって水軍力を養ったのではないだろうか（山下知之「阿波国における武士団の成立と展開」)。

その重能と平家のつながりはかなり古くからのもので、一一六三(応保三)年三月清盛が福原《ふくはら》の沖に経《きよう》ノ島を再度築き始めた時の奉行がほかならぬ阿波民部大夫重能であった。彼の名はその後、諸記録にみえ、一一八〇(治承四)年一二月の平重衡《しげひら》による南都焼き討ちの際に、その軍中に「阿波国の住人民部大夫成良」(『山槐記』)の名があるし、翌一一八一(治承五)年二月にも、墨俣《すのまた》合戦を控えた平家軍の中に「阿波民部重良の徒党」(『玉《ぎよく》葉《よう》』)がいたことが知られている。

しかし、重能の力が十分に発揮されるのは、やはり平氏が西海に逃れてから以後のことである。一門が九州を去って讃岐国屋島に移ってきた時、そこに仮の内裏を造作したのは重能であった。四国における彼の勢威のほどが思い知られるが、それればかりではなく、おそらくこれ以後の屋島を拠点にしての平氏の水軍活動の多くは重能の水軍力に負っていたものと思われる。

重能は、瀬戸内海の反平家方勢力の討伐にも功をあげた。内海における最も強力な反平家方の海上勢力といえば前記の伊予の河野氏であろう。河野氏と額入道西寂の戦いについてはすでに触れた通りだが、重能も河野氏の討伐のためにしばしば軍を動かしている。『吾妻鏡《あずまかがみ》』はそれについて養和元(一一八一)年九月二七日条に、「民部大夫成良」が平家軍として伊予国に乱入し、河野通信以下の伊予の国衙の役人等と合戦に及び、河野氏は、手勢が少なく、大いに苦戦した、と記している。また『平家物語』は、屋島合戦の直前に、重能の嫡子教能が、河野通信を攻めようとして三千余騎を率いて伊予へ押し寄せたと記している。

このように平氏は、瀬戸内海や九州の武士を数多く組織し、その水軍力を自軍に取り込んでいた。西海に逃れて以後も平氏が意外に長期間にわたって抵抗を続けることができたのも、その力によるところが大きかったと思われる。

しかし平家方水軍の瀬戸内海における優位もいつまでもは続かなかった。あれほど平家に忠誠を誓っていた阿波の重能が壇ノ浦で寝返ったのはその意味で決定的だったが、源氏方の海上勢力が着々と力を蓄えつつあったことも見逃すことはできない。

伊予の河野氏が、額入道西寂や重能のたびたびの攻撃を受けながらもついに屈しなかったのは先に述べた通りだが、彼らはその後、態勢を立て直し、屋島・壇ノ浦の合戦においては源氏方水軍の主力として海戦に参加するまでに成長していたのである。

以上、松浦党に関連付けて、平氏政権を支えた多様な海上勢力についてみてきた。本書の問題関心からすれば、彼らは海賊といえるのかどうかが重要だが、それについては否といわなければならないだろう。彼らは海上でさまざまな活動を展開したが、海賊特有の、通行料の徴収などの行為はみられないし、史料的にも、管見の及ぶ限り「海賊」という言葉が使われている証拠も見当たらない。それでは彼らはどう位置付ければいいのかということになるが、当面は、海辺部に拠点を有し、そこでの活動によって水軍力を蓄えてきた海辺の在地領主ととらえておきたい。

それでは、本題の松浦党はどうなのか。それについて少し詳しくみていくことにしよう。

2 「党」と一揆契諾

一揆を結ぶ武士団

松浦党というのは、九州の西北部に位置する松浦地方を主たる活動の場とした中小武士団の総称である（地名としての松浦は現在「まつうら」と呼ばれているが、松浦党など氏族名としての松浦は「まつら」と発音される）。松浦地方の中心である肥前国松浦郡は、近代には東西南北に四分割され、東西松浦郡は佐賀県に、南北松浦郡は長崎県に属することになった。前者を上松浦、後者を下松浦と呼ぶこともある。

松浦党の歴史は長く、平安時代中期から戦国時代にまで及ぶ。その間さまざまな出来事が継起したが、歴史的に注目されているのは、平安・鎌倉時代にみられた、党という特異な武士集団の成立とその活動、南北朝時代に結ばれた広範な一族構成員による一揆《いっき》契諾《けいだく》、そして全時代を通じてみられた、漁業や交易など海にかかわる活動だろう。ここでは、それらについて概観しながら海賊や倭寇との関係を中心にみていくことにしたい。

松浦党の始祖は、その流れをくむ近世の平戸《ひらど》松浦家が編纂した家譜によれば、一〇六九（延久元）年に摂津国渡辺庄《わたなべのしょう》（大阪市）から肥前国宇野御厨《うののみくりや》に下向した源久《みなもとのひさし》とされる。その源久が嵯峨《さが》天皇の流れをくむ嵯峨源氏を祖とするところから、それにならって代々一字名を名乗るとされている。しかし、すでに一〇六九年より早く、一〇一九（寛仁三）年の刀伊《とい》の入寇に際して松浦地方で防戦に当たった人物として「前肥前介源知」なる者がいたことが知られるので（『小右記』）、伝承上の人物である源久よりも早い時期に、嵯峨源氏系の人物が松浦地方に土着していた可能性が高い。

松浦党という呼称が最初にみられるのは、さきにも触れたように『平家物語』である。そこには、ある時には源氏方に味方しようとし、また別の時には平家方として行動する松浦党の姿がみられる。鎌倉時代に入ると、藤原定家《ふじわらのさだいえ》の日記『明月記《めいげつき》』にも、松浦党と号する「鎮西兇党等」が高麗《こうらい》で略奪を働いたことなどが記されている。

これらをみると、平安時代末期から鎌倉時代初期にかけて、ようやく西海地方で海上活動を展開する松浦党なる勢力の存在が中央貴族にも知られ始めたらしいことがわかる。そしてその松浦党という呼称は、松浦地方の住民たちにとっては決して名誉でも好ましいものでもなく、みずから松浦党と称することもなかったという（瀬野精一郎「平安時代における松浦党の存在形態」）。

松浦党についてみていく時、「党」という独特の武士団のあり方とともにもう一つ欠かすことができないものに、南北朝時代の一揆契諾がある。一揆契諾というのは、一族の者が共通の利益を守るために（のちには松浦党以外の者も松浦一族を名乗るようになるが）、寄り集まって契約を結ぶことで、南北朝時代を中心に何回にもわたってこの契約が結ばれたことが知られている。残された契約状をみると、そのような動きが活発だったのは下松浦のほうで、下松浦のほとんどの領主が参加した大規模な一揆を大一揆、一部の領主が参加した小規模な一揆を小一揆と呼んでいる。大一揆の契約状は四通残されていて、最初のものは南北朝時代後期の一三七三（応安六。南朝では文中二年にあたる。以下、南北朝時代の年号は史料に示されているものを記すこととする）年五月に結ばれたもので、内容を紹介してみると、概略次のようなことが記されている。

契約条々

一「君の御大事」、すなわち足利将軍家に大事があった時には、一味同心して軍忠を尽くすこと。

一 構成員の間で争いが生じた時には、「談合」によって、多数の意見に従い、もし構成員の一人に大事が生じた時には、全員の大事とみなすこと。

一 構成員の間で裁判が起こったときには、「兄弟叔甥縁者他人」に関係なく、どちらが正しいか意見を述べ、身内に対するえこひいきや自分勝手な行為があってはならないこと。

一 多数決に従わない場合は、構成員から追放すること。

一「郎従」以下の者に対して「珍事狼藉」が起こった時には、多数決に従わずに一人で勝手に行動してはならないこと。

もしこの条に偽りがあるならば、八幡大菩薩・天満大自在天神の御罰を蒙るであろう。よって連署し、誓文を定める。

応安六年五月六日 孔子次第

（三二名の署名省略）

（『青方文書』）

名を連ねているのは、宇久《うく》氏、有河《ありかわ》氏、青方《あおかた》氏など三二人で、契約した内容は五ヵ条である。外部に対しては一致団結して行動し、メンバー間で争いが発生した時には、メンバー同士の協議や多数決によって問題を処理しようという意志が強く表れている。このあと二回目の契諾状は、一三八四（永徳四）年二月に結ばれ、三四人が名を連ねているが、ここでは、条文が七条に増え、一三七三年の契約状ではやや抽象的、一般的であった規定の内容が、幕府の定めた武家法の内容なども取り入れて具体的になっているのが注目される。一三八八（嘉慶二）年に結ばれた第三回目の契諾状は、詳細な内容で第二回目のものに近く、一三九二（明徳三）年の第四回目の契約状は簡略で、一回目のものに近い（いずれも『青方文書』）。

一揆契諾をどうみるか

このような一揆契諾と松浦一族の「党」集団は、どのような関係があったのだろうか。これについては長い研究の歴史があり、早い時期には、一揆契諾にみられる共和的団結が松浦党の本質であるとされたこともあったが、近年ではそのような見方には否定的な意見が多い。

これまで松浦党研究をリードしてきた瀬野精一郎氏は、松浦党の特質とされてきた「共和的連合形態」は、松浦党が鎌倉末期から南北朝期に変質した時期の形態で、「党」としては二義的性格にすぎず、「党」の本当の姿は変質前の鎌倉時代の松浦一族の姿にあるとした上で、そこには、これまで考えられていたような「共和的団結」による政治的・行政的単位、または組織体としての「党」なるものは存在しない、としている（「鎌倉時代における松浦党」）。

また、瀬野氏は、松浦党に一揆契諾が成立した事情についても、それまでの多くの研究によって示されていた、百姓勢力の発展にともなってそれと対決するためにとられた領主層の自律的な団結であったとする、いわば内部要因説を批判し、一揆契諾は、一三七一（応安四）年に室町幕府の九州探題《きゅうしゅうたんだい》として赴任した今川了俊《いまがわりょうしゅん》の活動とともに始まり、南北朝の動乱の終結とともに消滅することなどを指摘し、南朝勢力を抑えようとする今川了俊らの戦略的意図に基づいた、上からの組織化に応じたものであるとする外部要因説を主張した（「松浦党の変質」）。

松浦党の存在形態や一揆契諾の性格をめぐってはその後も多くの議論が重ねられているが、ここではそれに深入りすることは避けて、海賊の問題に目を移すことにしよう。

3　海賊と倭寇

幕府船の遭難

松浦党は、しばしば松浦海賊とも呼ばれる。たとえば松浦党研究の端緒を開いた長沼賢海は、その著書『日本の海賊』の中で、「海賊松浦党の結成」「松浦海賊の連盟と規約」などの項目を立てて松浦党を海賊として位置付けているし、瀬野精一郎氏も、その論文「多島海の暴れ者『松浦党』」の中に、「海賊松浦党」という一節を設けている。しかし、実際に史料上で松浦党を海賊と呼ぶ例がどの程度みられるかというと、ほとんどみられないのが実態である。[1] そのような点からすれば、「海賊」という史料上の表記にこだわり、海賊をできるだけ限定的にとらえようとしてきた本書の立場からすると、松浦党は海賊とはいえないことになる。

ただ、海賊という言葉は使われていないが、広義に解釈して海上での非法な活動を〈海賊〉行為と呼ぶことにすると、いくつかの例はみられる。最もよく知られているのは、一二九八（永仁六）年に下松浦地方の五島列島近海で発生した幕府関係船の遭難事件と松浦一族のかかわりである。事件のことは、同年六月二九日付で、幕府の「御使」として遭難船に乗っていたらしい、義首座《ぎしゆぞ》という禅僧が幕府に提出した注進状（報告書）によって知られる（『青方文書』）。それによると、事件の概要は以下のようであった。

四月二四日に、五島列島の一角に位置するらしい「海俣《かいまた》」という港から出船した「唐船」が破損した。破損したのは、出港から一里内外進んだところだったというから、出港後間もなくのことだったのだろう。すると、「樋島」の「在津人、百姓」らが七艘の船に乗って漕ぎ寄せてきて「御物《ぎよぶつ》」以下の品物を運び取ってしまった。さらに続いて近隣の島々浦々の「船党等《ふなとう》」も、「樋島」の者たちに交じりあって積荷を運び取った。翌日の二五日、さらに二六日も同様であった。この間の子細は、多くの人から事情を聴いたので間違いない。運び取られた「御物」は、砂金、「円金」（円形に整えられた金の地金のことか）、水銀、銀剣、白布、細々した具足等である。

遭難した「唐船」というのは、積荷が「御物」などと呼ばれていることから判断して、幕府や得宗家《とくそうけ》が密接にかかわった日元貿易船だろう。その「唐船」が出港した「海俣」というのは、別の史料には「貝俣」と記されており、五島列島中部の、当時海俣島《かいまたじま》と呼ばれていた現在の若松島《わかまつじま》（長崎県新上五島町）のどこからしい。難破船に漕ぎ寄せてきた住人百姓らの住んでいた「樋島」というのは、若松島西岸の小島日島《ひのしま》のことと考えられる

（九三ページ図7参照）。

なお日島は、現在でこそ五島列島中部の西端に位置する小さな漁村にすぎないが、一四七一年（日本では文明三年にあたる）に朝鮮でまとめられた『海東諸国紀《かいとうしょこくき》』には、一四六九年に「五島日島太守藤原朝臣盛」と称する人物が朝鮮に遣使したことが記されている。近年の研究ではこの時期の朝鮮への遣使者の大半は対馬の宗《そう》氏によって仕立てられた偽使であることが明らかにされているが、そうであったとしても、日島が宗氏によって、遣使するような勢力の所在地であったと理解されていたことは疑えない（『海東諸国紀』についてはのちほど終章で詳しく触れることにする）。また、ずっと後のことだが、第一八次遣明船で明に渡った策彦周良《さくげんしゅうりょう》が帰途、一五四一（天文一〇）年に「五島のうち日島」に立ち寄ったことが知られている。これらをみると日島は、朝鮮に遣使しうるような海上勢力が所在する一方、中国に向けて船出したり帰国したりするときに立ち寄る港でもあったことがわかる。

おそらくそのことと密接に関係すると思われるが、日島の南端にのびる砂嘴《さし》上には、現在も中世から近代に至るおびただしい数の石塔が残されているのを目にすることができる（曲《まがり》遺跡）。これらの中には、若狭《わかさ》国日引《ひびき》（福井県高浜《たかはま》町）産の石材が使われているものも多く含まれている。これをみると、日島は、日本海と西海を結ぶ交易ルートにかかわっていた可能性が高いと言える。

遭難を告げる義首座の注進状に関連して、同年五月二〇日、六月二三日、同二七日付で、詳細な積荷目録が作成されていて、積荷が鎌倉幕府と関係の深い「葛西殿」「浄智寺方丈」「大方殿」にかかわる物であったことが記されている。また、八月一八日には鎮西《ちんぜい》探題《たんだい》から所の領主である青方高家《あおかたたかいえ》あてに命令文書が出されている。そこからは、積荷が「関東方々御物」であること、幕府から松浦党の志佐氏や奈留氏に御物の回収について指示を出したにもかかわらず、両氏がそれに対処しなかったこと、そこで改めて鎮西探題から青方氏に対して今月中に御物を回収するよう命令が出されたこと、などがわかる（いずれも『青方文書』）。

図6　日島とその先に広がる東シナ海

　この事件については、さまざまな見方がなされている。たとえば網野善彦は、八月一八日の鎮西探題からの文書のあて先となっている青方高家をこの時期の下松浦の領主の代表的人物とみ、当該事件を、非法な略奪をおこなう高家の悪党ないし海賊的行動の一つとしてとらえる（「青方氏と下松浦一揆」）。それに対して瀬野精一郎氏は、この地方の住人がこの海域を通過する中国への通交貿易船を襲って積荷を奪った事件ととらえ、高家らの御家人はその警固を命じられた存在であったが、実態は御家人たちも海賊活動の張本人で、両者は何らかの取引がおこなわれるような関係にあった、とみる（「多島海の暴れ者『松浦党』」）。

また村井章介氏は、行動の主体は住民側にあって、日本と大陸を結ぶ海上の道の最前線に当たっているというこの地域の特質が、住民たちの間に財貨への強烈な欲望を生み出し、それが表面化した事件、とみる（「鎌倉時代松浦党の一族結合」）。これらは、だれが行動の主体であったかという点については見解の相違があるが、青方氏などの領主や住民が何らかの形で〈海賊〉行為に加わり、渡唐船の積荷を略奪した出来事とみる点では共通している。

寄船慣行

だが、これについては別の見方もある。たとえば黒嶋敏氏は、この出来事の背後には、中世に広くおこなわれた寄船《よりふね》慣行があったという（『海の武士団』）。寄船とは漂着船のことで、寄船慣行というのは、漂着船やその積荷は、船が破損、難破して漂着船となった時点で「無主」の存在となり、漂着地の者の所有物となるという慣行である。これについては日本各地の沿岸部において多くの事例があり、新城常三によって綿密な整理がおこなわれている（「寄船・寄物考」）。それに依拠して関連する事例をいくつか紹介してみることにする。

寄船については、いくつかの法令の中に言及がある。室町時代ころにまとめられたとされている、海商法の集成ともいうべき「廻船式目」の第一条には、「寄船・流船から得たものは、その在所の神社仏寺の造営費用に充てなければならない。もしその船に水主《かこ》が一人でも残っていれば、その者の判断に任せなければならない」と記されている。同じようなことは、戦国時代の分国法「今川仮名目録《いまがわかなもくろく》」にも、「駿河・遠江両国の浦々に寄船があった場合は、危害を加えず船主に返さなければならない。もし船主がいなければ船を壊して船材を寺社の修理に充てなければならない」と記されている。

これらをみると、寄船慣行といっても、漂着地の者が自分の取得物にできたわけではないことがわかる。「もし船主がいなければ」、すなわち乗組員が在船していない無人船に限って寄船として扱うことができるのであり、「もしその船に水主が一人でも残っていれば」、その乗組員の意思にゆだねられなければならないのである。また、無人船の場合でも、勝手に個人の所有物にできるわけではなく、基本的には神仏の所有物とされ、寺社の造営や修理にあてられるべきとされている。

実際、寄船・寄物が寺社の所有物とされた例は数多く残されていて、最もよく知られているのは、筑前宗像社《むなかたしゃ》の例である。同社は、一二三一（寛喜三）年に、「大小七十余社の修理費用は、昔から葦屋津新宮浜《しんぐうはま》に漂着した寄物から調達し、数百歳の星霜《せいそう》を送ってきた」と主張している（『宗像神社文書』）。葦屋（芦屋）津から新宮浜に至る海岸線は、宗像社の東と南に延びる三〇キロメートルにも及ぶ長大なものだが、同社はこの範囲の寄物を取得して数百年の間同社の修理費用にあててきたというのである。このように寄船・寄物は、「無主」の物として神仏の物となるのが本来の形だったが、実際には、漂泊地の領主や住民が取得する場合も少なくなかったようである。

では、漂泊船に乗組員が残っていた場合はどうなるのだろう。当然、船体や積荷を奪取するのは非法行為となる。したがって本来の所有主に返すのが法令の定めるところだったのだが、実際には往々にして法は無視され、円満に元の持ち主のところへ返される例は少なかった。在地社会の実情は中世法の定めるところとは大きく乖離《かいり》し、乗組員が残っていると残っていないとにかかわらず、寄船・寄物は漂着地の住民の物であるとする慣行が広くおこなわれていたのではないかと思われる。

「船党」とはなにか

このような慣行の存在を考慮すると、「樋島」や近隣の島々の住人・百姓の行為は、略奪というよりも、そのような慣行にのっとった行動だったと言えるだろう。そうすると、その行動を根拠に彼らを海賊と呼ぶのも適切ではないことになる（実際そのような呼称もおこなわれていない）。にもかかわらず、彼らは幕府関係者からは海賊同様の存在とみられていた。それを示すのが、前記義首座の報告書に記された「船党」という言葉ではないだろうか。

「船党」はあまり聞きなれない言葉だが、ここでみられるほかは、わずかに肥前国彼杵《そのぎ》郡の領主深堀氏の『深堀家文書《ふかほりけもんじょ》』の中に用例がある程度である。『深堀家文書』では、一三一三（正和二）年の一族内のトラブルの過程で、相手の行為を非難する言葉の一つとして、「船党」の者などを差し遣わして十余艘の船で日夜海産物を奪い取らせた、などという言い方がされている。これをみると「船党」という言葉には、松浦党の「党」と同じく若干の軽侮の気持ちが込められていることがわかる。船舶を駆使して近海をすばしこく行き来し、場合によっては非法行為にもかかわるような海民をこのように呼んだのだろう。

そのような「船党」について考える上で参考になるのが、一二五四（建長六）年四月の斑島渟《まだじまとどむ》の文書である（『有浦文書』）。斑島渟は五島列島北端の小値賀《おぢか》島に付属する斑島を本拠とする松浦党の一族だが、その渟が下松浦の志佐《しさ》浦（松浦市）で所有していたものの一つに「海夫源六一党　十艘」があった。源六と呼ばれる海夫が一〇艘の船を所有して一つの党をなしていたが、その一党が渟に従っていたのだろう。この一党が納める「公事」（現物で納める税）として干鮑《ほしあわび》や魚、若布《わかめ》などがあげられているのをみると、この海夫が潜水漁を含む漁業を生業としていたことがわかる。こうした海夫源六の姿に「船党」の一面をみることができるのではないだろうか。

「樋島」やその近隣の住民の立場からすれば、寄船の積荷を奪取するのは在地の慣行にのっとった正当な行為であった。だが、それが非法行為とみなされたことは、瀬戸内海の海の民が、彼らの立場からすれば正当な経済行為であった通行料の徴収という行為の故に海賊と呼ばれたのとよく似ている。

倭寇の実像

これまで松浦党と海賊の関係についてみてきたが、それでは松浦党と倭寇の関係はどうなっているのだろうか。松浦党と倭寇の関係をみるためには、まず倭寇とは何かを考えなければならない。

倭寇とは、一四世紀から一六世紀にかけて朝鮮半島や中国大陸沿岸を襲った日本の武装勢力、という辞書の記述で問題はないように思われるが、ことはそう簡単ではない。倭寇の大きな波が一四世紀後半と一六世紀中葉にあったことはよく知られているが、その両者で構成員や活動のあり方が大きく異なっているからである。そのため両者はしばしば前期倭寇、後期倭寇という言い方で区別される。

このうち後期倭寇の実態が、倭寇とはいいながら日本人よりもむしろ中国人が中心で、それにポルトガル人などが加わった集団であったことも早くから明らかにされてきた。そのことは中国側にもよく知られていて、明代の倭寇研究書ともいうべき『籌海図編《ちゅうかいずへん》』にも、倭寇は「真の倭人は甚《はなは》だ少なく、みな福建《ふっけん》や浙江《せっこう》の者で、異国人と結託した連中である」と記されている。

そのような後期倭寇を代表する人物が、鉄砲伝来にもかかわったとされる王直《おうちょく》である。王直は、中国歙県《しょうけん》（安徽《あんき》省）の生まれで、広東《カントン》に行って大船を造り、その船でルソン・アンナン・マラッカ方面に出かけて巨富を得たという。彼の本拠は杭州《こうしゅう》湾沖の舟山《しゅうざん》列島の一角にある双嶼《そうしょ》だったが、それとは別に五島や平戸にも拠点を置き、東シナ海を縦横に行き来して密貿易に従事した。このような人物たちが跳梁《ちょうりょう》する後期倭寇の世界に松浦党が入り込む余地はなかったから、問題は前期倭寇である。

前期倭寇についても、松浦党がこれにかかわったことを示す史料は、松浦党が残したもののの中にはほとんど見当たらない。しかし、それはいってみれば当たり前のことで、倭寇というのは、それにかかわったことをわざわざ記録に残すような性格のものではない。それでは、朝鮮や中国の史料にはどのように記されているのだろうか。前期倭寇の主たる被害地であった朝鮮の史料には、しばしば「三島の倭寇」と記されている。三島とは、対馬・壱岐・松浦のことで、ここが倭寇の根拠地であるというのが朝鮮側の認識であった。松浦地方が倭寇の根拠地の一つとみえる限りは松浦党も何らかのかかわりを持っていたと推測されるが、じつはことはそれほど単純ではない。近年、前期倭寇についても人的構成の研究が飛躍的に進み、その実態がかなりわかってきたのである。

松浦党は倭寇か

前期倭寇の人的構成の点で重要な指摘をしたのは田中健夫である。田中氏は、『高麗史』など朝鮮史料をみると、最盛期の倭寇の規模として三〇〇〜五〇〇艘の船団、千数百の騎馬隊、数千の歩兵などの数値が示されていて、これらがすべて日本から渡っていった者たちとみるのは無理があること、『朝鮮王朝実録（世宗）』の記事の中に、倭寇について「前王朝である高麗の末年から倭寇がさかんになったが、その間倭人は、一、二に過ぎず、高麗の民が仮に倭服を着して党を成し乱を作す」という記述がみられることなどを根拠に、倭寇の構成員は、日本人のみの集団というよりは、日本人と高麗人・朝鮮人とが連合した集団、もしくは高麗・朝鮮人のみの集団が中心であった、とした（「倭寇と東アジア通交圏」）。続いて高橋公明氏は、倭服を着し、倭語をあやつるなど倭人と密接な交流があったと推測される済州《チェジュ》島の海民の実態を明らかにし、それを前提にすると、前期倭寇にも高麗国内の海上勢力が関与していたと考えられる、とした（「中世東アジア海域における海民と交流」）。

このような見方にはその後、批判も寄せられた。特に村井章介氏は、異なる国家・民族のはざまにあって媒介者の役割を演じた人間集団をマージナルマン（境界人）ととらえる視点から倭寇を見直し、この視点からみると、倭寇は日本人か朝鮮人かといった類の問いはほとんど無意味であるとする。村井氏は、平時には国家のはざまを生活の場とし、異なる国家領域を媒介とすることで生きる人々が、戦乱、飢饉、政変、貿易途絶など特定の状況下で〈海賊〉行為に走った時、朝鮮（高麗）や中国の官憲は、その主体を「倭寇」の名で呼んだのであり、その実態に近い姿で呼ぶとすれば、それは「境界人」がふさわしいという（「倭寇とはだれか」）。

そのような視点から松浦党と前期倭寇との関係を考えると、弱小とはいえ曲がりなりにも領主階層に属し、沿岸に居住して船舶での移動を得意としながらも、鎌倉期の数多くの記録にみられるように所領の確保に執念を燃やしていた松浦党自身が倭寇活動に加わったとは考えにくい。やはり村井章介氏が壱岐《いき》に進出した松浦党に関して述べているように、松浦党のもとにある住民層が戦乱や飢饉などによる社会的混乱時に、松浦党のくびきから離れて「境界人」としての特性を発揮したとみるべきだろう。[2]

4　海での生活

海の領主としての青方氏

松浦党やその配下の住民たちは、寄船に対する〈海賊〉行為や朝鮮半島での倭寇活動において歴史上に姿をみせるが、日常的にはどのようなことを生業とし、どのような生活を送っていたのだろうか。海で生きる者としての生活や活動を、白水智《しろうずさとし》氏の研究を参考にしながら（「西の海の武士団・松浦党」）、史料を最も多く残している青方氏を中心にみていくことにしよう（以下引用史料は特に断らない限り『青方文書』）。

青方氏は、当時は浦部島と呼ばれていた、五島列島北部の中通島を主たる活動領域とした海の領主である。[3] 青方氏が本拠とする青方浦（長崎県新上五島町）は、中世には中通島西岸の広い範囲を指す地名であった。青方氏は、もともとは藤原姓で名乗りも「高」を通字《とおりじ》

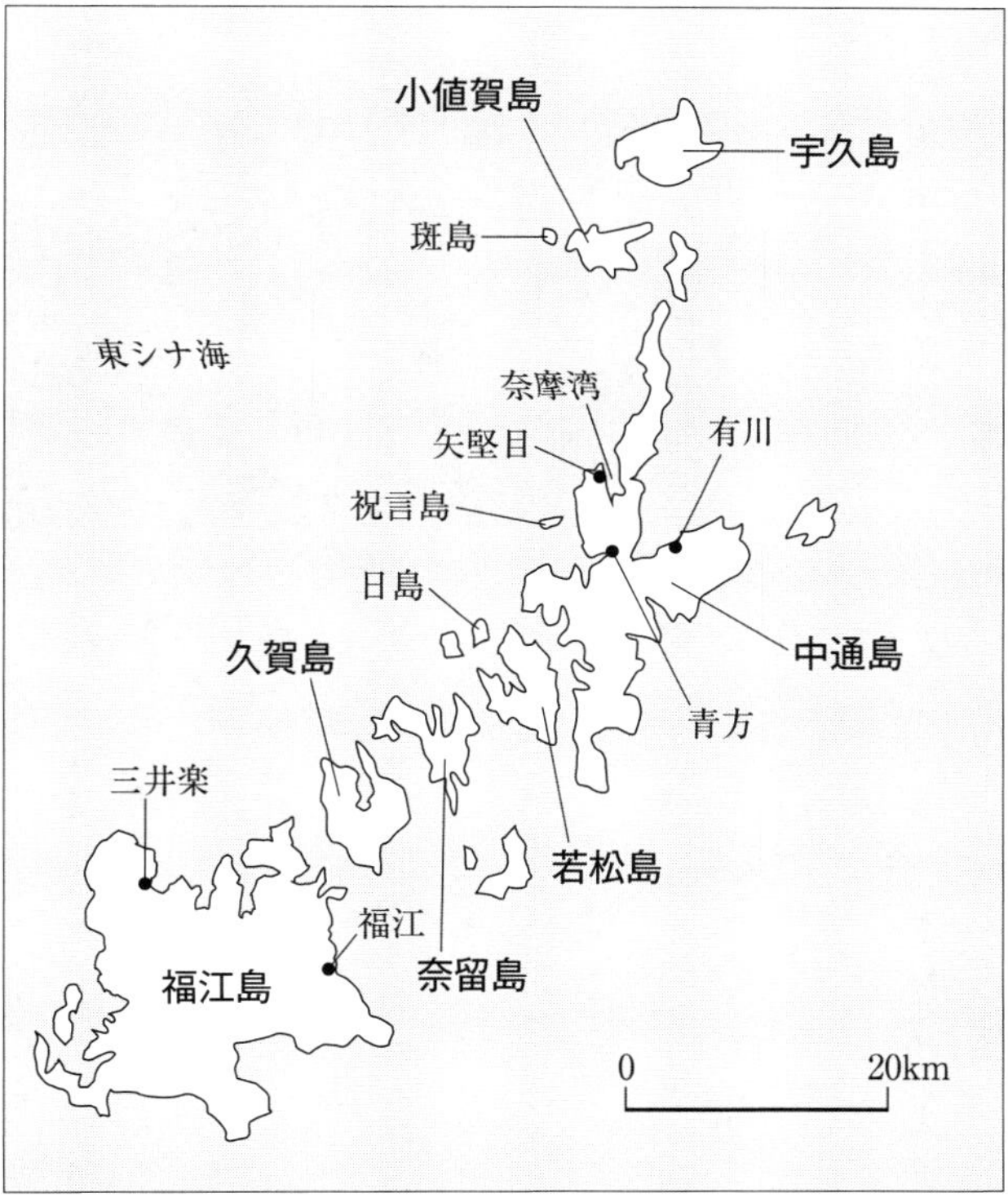
小値賀島
宇久島
斑島
東シナ海
奈摩湾
有川
矢堅目
祝言島
日島
中通島
久賀島
青方
三井楽
若松島
福江
奈留島
福江島
0
20km

図7　五島列島略図

図8　青方氏の本拠であった青方郷の入江

とする二字名であったから、源を本姓とする松浦党とは別の一族であったが、南北朝時代ごろから源姓の一字名を名乗り始め、この地方の多くの領主同様松浦党化していったと思われる。青方浦の中心地青方郷は、中通島に多くみられる小さな入江（青方湾）の奥に位置する。その入江は奥が深く、水路状に細長く伸びて浦の中心部につながっているが、江戸期の絵図などをみると、海面は今よりもさらに奥まで延びていたらしい。

　入江の奥の丘陵上には山城が築かれ（そこは殿山《とのやま》と呼ばれている）、その麓には居館跡と伝えられる平坦地が今も残っている。ここが青方氏の領主支配の拠点になっていたと思われる。このように青方氏は、青方湾を中心に中通島の西岸の浦々を支配していたが、一歩外へ出ると、そこは洋々と広がる東シナ海で、船を漕ぎ出していけば五島列島や松浦半島に点在する松浦党諸氏の根拠地へ向かうことができるし、さらに船足を延ばせば対馬海峡を経て朝鮮半島へおもむくこともできる。

青方氏は、生活や生業の様子を直接伝える史料を多く残しているわけではないが、他方、訴訟相論に関しては膨大な史料を残している。これらをみると、青方氏の歴史とはまさに訴訟相論の歴史であったようにみえてしまうが、それはもちろん、青方氏が後々のために訴訟関係の史料を選んで残した結果であって、同氏が訴訟相論のみに明け暮れていたわけではない。しかし、訴訟関係の文書の多さが、同氏がその地位を守るために、ある時には他氏と、ある時には一族内で激しい争いを繰り返したことを示しているとはいえるだろう。そのような訴訟関係史料の中から青方氏の生活や生業の様子を垣間見ることができるものをいくつか拾い集めてみることにする。

漁業と製塩

青方浦の平地に乏しい地形をみると、その生活が農業生産に頼ってなされたものでないことは容易に想像がつく。その代わりに海にかかわる諸業が生活の中心にあったはずである。最も重要なのは漁業で、それは網代《あじろ》と呼ばれる漁場でおこなわれた。青方浦の網代として史料上にしばしばみられるのは、赤浜、波解崎、「牧家の前倉」の三ヵ所である。赤浜は位置を確認することはできないが、波解崎は、「那摩」の内にあるというから、青方浦の北部に位置する現在の奈摩《なま》湾沿岸のどこかであろう。ちなみに奈摩湾の西岸には網代に由来すると覚しき網上《あみあげ》の地名が残っている。「枚家の前倉」というのは、青方湾の沖合にある小島祝言島《しゅうげしま》のことであろう。

漁場としての網代は、譲与や売却の対象になる。そしてその所有権をめぐって相論も発生する。一三六六（正平二一）年には、青方氏から鮎河氏（青方郷の南に隣接する相河《あいこ》の領主と考えられる）への売却をめぐって相論が発生し、宇久氏・有河氏らが仲介に入って談合し、上記三ヵ所の網代を一括して鮎河氏のものとするという裁定が下されている。ところが鮎河氏は、そのようにして手に入れた三ヵ所の網代を一一年後の一三七七（永和三）年四月には青方氏に売却し、さらに青方氏は二ヵ月後の六月に神崎《こうざき》氏に売却している。網代が重要な財産であると同時に、売却の対象にもなりうるものであったことがわかる。

網代では名前の通り、網漁がおこなわれた。その網については、「立てる」と表現される場合と、「引く」と表現される場合がある。前者は、定置網《ていちあみ》的なもの、後者は、地引網《じびきあみ》的なものだろう。網代と同様に網そのものも重要な財産だったようで、譲状《ゆずりじょう》には土地や屋敷とともに網のことが記されている例も多い。一三三〇（元徳二）年の青方覚性《かくしょう》（高継《たかつぐ》）の譲状には、子どもたちへの網の配分の仕方についての詳細な記述がみられる。

少しでも有利な条件で漁をするためには、網代で網を引いたり、立てたりする順番も重要だったようで、それをめぐってもしばしば相論が起こっている。一四一二（応永一九）

年の青方氏と鮎河氏の相論では、網を立てる順番について、先に立てた者を一番網にし、次に立てた者を二番網にするなど「番」について言及した内容が多くみられる。中には、鮎河氏が網を用意できなかった時には青方氏の網を使って漁をし、そのようにして得た分は鮎河氏のものとする、青方氏が網を用意できなかった時にも同様とする、などの規定もある。激しく対立しながら、一方では相互扶助の準備もしている様相がみられる。なお、これらの網は魚の種類別に用意されていたようで、鰹《かつお》網、鮪《しび》（まぐろ）網、海豚《いるか》網、魳《かます》網、烏賊《いか》網などの語がみられるから、これらの魚種が漁獲の対象になっていたものと思われる。

塩の生産も重要な生業の一つで、青方浦には各所に塩屋が設けられていた。先にも触れた一三三〇（元徳二）年の青方覚性（高継）の譲状には、譲与の対象として、屋敷・牧・網などとともに塩屋が含まれていて、そこには塩釜が備えられていた。塩屋の置かれていた場所としては、一三六一（延文六）年の文書に、「那摩の塩屋」という文言がみられるから、現在の奈摩湾の奥に位置する奈摩の地をあげることができる。ここは青方一族の屋敷のあった所でもあり、前記のように、奈摩湾沿岸には網代も所在していた。あるいは青方氏の漁業活動の中心地だったのかもしれない。

塩の生産の詳細は不明だが、当時の一般的な製塩方法は、塩浜を利用して濃度の濃い鹹《かん》

図9　青方氏の生業の場であった奈摩湾

水《すい》を得、それを塩屋にそなえた塩釜で煮沸するというものであった。製塩の本場とも言うべき瀬戸内海では、自然の遠浅の干潟を利用して、その干潟から海水がひいた後の塩分の凝固した砂を集めて塩水を注ぎ、濃度の濃い鹹水を得る初期入浜《いりはま》式の製塩や、塩浜を満潮面より高いところに造り、原料海水を人力でくみ上げて砂面に散布する揚浜《あげはま》式の製塩が知られている。

しかし、奈摩湾でおこなわれていた製塩がこれと同じであったかどうかは疑わしい。それは、奈摩湾一帯にはそのような製塩にふさわしい塩浜がほとんどみられず、文書の記述の中にもそれらしいものが見当たらないからである。一方、奈摩湾の一角の矢堅目《やがため》では、平釜を利用して長時間煮沸することによって鹹水を得る製塩が、伝統的な方法として現在もおこなわれている。これらを考えると、すでに白水氏が指摘しているように、青方では、鹹水を得るための塩浜は用いられなかった可能性が高いだろう。塩浜を用いない方法は、最初の段階から煮沸に頼るわけだから大量の燃料を必要とする。奈摩周辺の広大な森林資源が塩木山《しおきやま》として利用されていたことが推測される。

一三〇五（嘉元三）年三月に、松浦党の一人である平戸の峯貞《みねさだし》が相論相手の覚念《かくねん》（青方高家）の非法を訴えた文書には、青方氏の狼藉によって失われた「損物」として、銭四〇貫文とともに塩六〇石があげられている。これをみると、塩は銭と並ぶ重要な「資材物」であったことがわかる。塩はこのように現地にとどめ置かれる場合もあったが、一方では、「塩地子」という言葉がしばしばみられるように、税として領主に納められる場合もあった。変わったところでは、「猪の塩付」などという言葉もみられるので、獣肉の保存用に使われるようなこともあったらしい。

青方浦を行き来する船

浦々の生活においては、船も欠かすことができない。一二九四（永仁二）年に青方高家が、右馬三郎国末《うまさぶろうくにすえ》という人物から、船二艘を借りて返さない、船賃も支払わないなどと訴えられている。これをみると、日常生活において船が貸し借りの対象となるような身近な存在であったことがわかる。また、青方一族の譲状の中に、しばしば船木とか、船造りなどの言葉がみられる。これからみると、一族は船材を供給するための船木山を所有し、場合によってはみずから造船にも従事したのだろう。船が漁業に欠かせないものであることは言うまでもないが、一二九八（永仁六）年の幕府貿易船の遭難事件の際、樋島の「在津人、百姓」や近隣の「船党」がすばやく漕ぎ寄せたのも、そのような船が常備されていたからだろう。

しかし青方浦の住人たちが目にした船は、このような自前の船ばかりではなかった。一三〇五（嘉元三）年三月に前記峯貞が提出した訴訟文書には、多くの青方氏差出の文書が引用されているが、その中の一つにおいて青方能高《よしたか》は、峯氏からの「借上銭」が返済できない理由として、今年は百姓が「飢渇」している上に、例年やってくる船が今年は一艘もやってこないので百姓が嘆いている、と述べている。何を運んでくる船か定かではないが、本来なら百姓から銭を徴収してそれを峯氏に支払うのであろうが、いつもの船が来ないので百姓が銭を手に入れることができないというのであるから、商売船であることは間違いなかろう。このように青方浦には他地域（おそらくは九州本土）からの商売船が定期的に出入りしていたらしい。

また、一二九八（永仁六）年に海俣島から出船した幕府船の遭難事件や、一五四一（天文一〇）年の第一八次遣明船の日島への寄港などは、青方浦近海が東シナ海に開けた海域であったことをよく示している。これらは何らかの事情でたまたま記録に残された出来事だが、東シナ海に向けて船出していく、あるいは帰着してくる大型船を青方浦の住人たちが目にする機会は少なくなかったのではないだろうか。

さて、西海地方で松浦党がたびたび一揆契諾を結んで団結を図っていた南北朝時代は、列島各地で海上勢力の活動が活発化した時代である。そのような海域の一つが、紀伊半島南部の熊野地方である。松浦党の一揆契諾は、「足利将軍家に大事があったときには、一味同心して軍忠を尽すこと」(応安六年の契諾状)という文言にみられるように、足利将軍に対する忠節を標榜《ひょうぼう》することが多かったが、熊野地方では逆に、南朝に対する親近感が強かった。それはおそらく、南朝が拠点を置いた大和《やまと》国吉野《よしの》と熊野地方が山間の交通路を通じて密接につながっていたからだろう。

次章では、そのような熊野地方における海上活動をみていくことにする。熊野の海上勢力は熊野灘にとどまらず広く瀬戸内海や九州にまで進出したので、それらによって形成されたネットワークにも目を向けることになるだろう。

第三章　熊野海賊と南朝の海上ネットワーク

1　薩摩の城を攻める海賊

薩摩東福寺城

鹿児島市の市街地の北端に、東福寺城《とうふくじ》という南北朝時代の山城が残されている。鹿児島湾に面した南北に細長い丘陵上に設けられた城で、点在する曲輪をすべて合わせると南北一キロメートルほどにもなろうかという大規模な城である。この城は戦国時代まで存続していたようだから、現在の遺構のどこまでが南北朝時代のものかはわからないが、この地域の重要拠点であったことは推測できる。城を支配していたのは、薩摩国守護でこの地域の北朝方の有力者であった島津貞久《しまづさだひさ》である。この東福寺城を、一三四七（貞和三）年六月、「熊野海賊以下数千人」の軍勢が襲った。その様子を島津貞久配下の渋谷重興《しぶやしげおき》という人物が概略次のように報告している。

渋谷九郎重興申す軍忠の事

貞和三年五月二十九日の夜、薩州鹿児島院において、敵が浜崎城を奪い取ったので、六月三日に東福寺城に駆け付け、味方の軍勢を待っていたところ、六日に「熊野海賊以下数千人」が海と陸から攻め寄せて来たので、味方の軍勢は手薄であったが、身命を捨てて防戦し、「凶徒等」数輩を打ち取り、追い返した。(中略)そこで、早く軍忠状を見ていただき、後の証拠とするために申し上げます(『旧記雑録前編』巻二二)。

一三四七年五月末から六月初めにかけて、薩摩国鹿児島院(鹿児島市のあたりは当時このように呼ばれていた)の浜崎《はまさき》城や東福寺城において(浜崎城は東福寺城に隣接する城)激戦が展開されたことがわかる。特に、六月六日には、東福寺城に立て籠もっていた島津軍を「熊野海賊数千人」が海と陸から攻め立てたらしい。

それにしてもなぜ、はるか東方の紀伊国熊野の地からやってきた数千人の「海賊」が東福寺城を攻めるのか。それは、当時東福寺城の南方約一三キロメートルのところに位置する谷山《たにやま》城(鹿児島市)にいた懐良《かねよし》親王と関係する。懐良親王はもちろん後醍醐《ごだいご》天皇の皇子である。

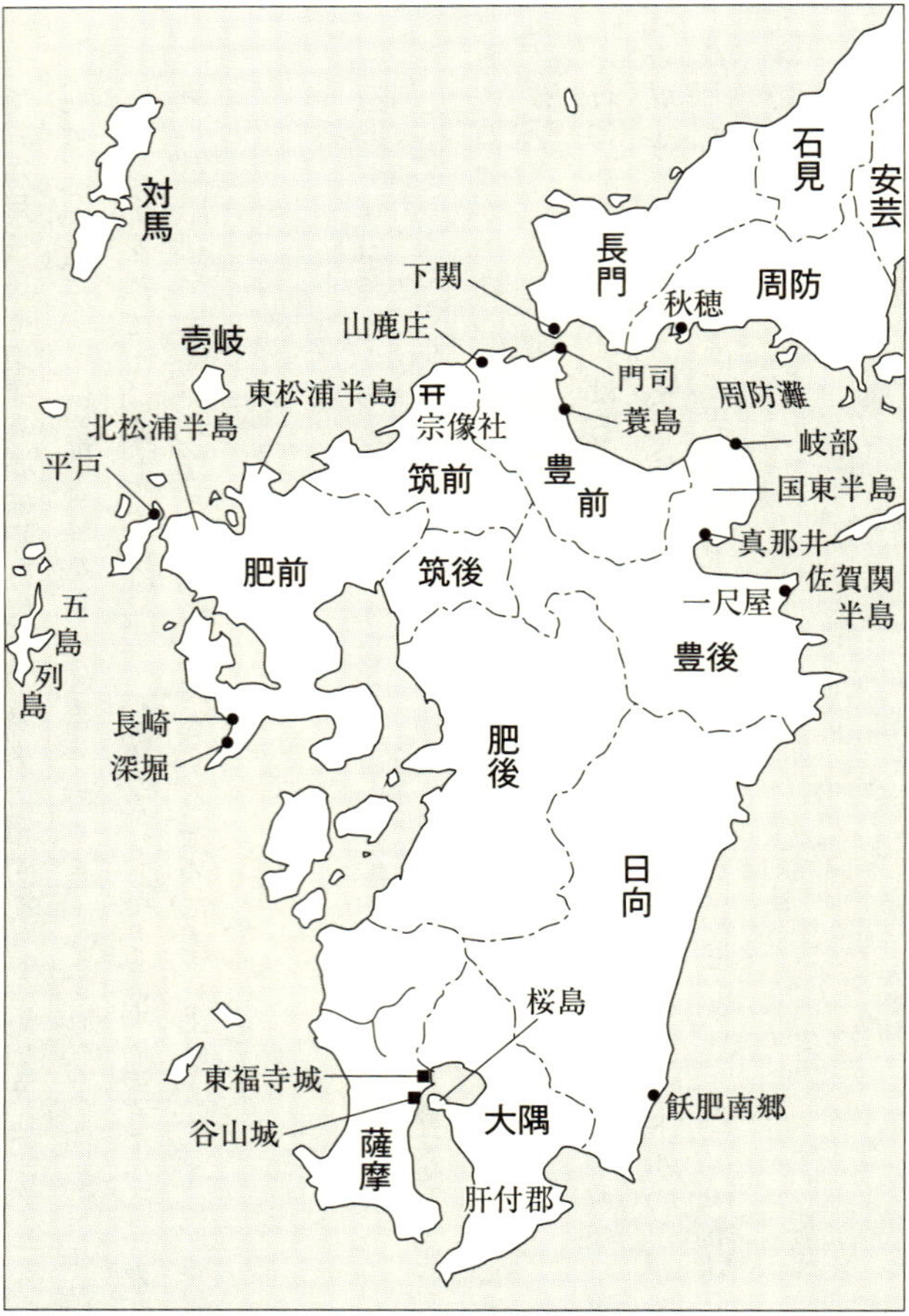
対馬
壱岐
平戸
北松浦半島
東松浦半島
五島列島
長崎
深堀
肥前
筑前
筑後
宗像社
山鹿庄
下関
門司
蓑島
長門
石見
安芸
周防
秋穂
周防灘
岐部
国東半島
真那井
一尺屋
佐賀関半島
豊前
豊後
肥後
日向
桜島
東福寺城
谷山城
薩摩
大隅
肝付郡
飫肥南郷

図10　九州関係地図

九州へ向かう懐良親王

鹿児島での戦いの一一年前に当たる一三三六（延元元＝建武三）年一〇月、入京してきた足利尊氏《あしかがたかうじ》軍を避けるために比叡山《ひえいざん》に逃れていた後醍醐天皇は、尊氏の講和申入れに応じて下山したが、それより先、皇子たちに主要な廷臣をつけて各地に下らせ、勢力の温存をはかった。皇太子恒良《つねよし》親王と尊良《たかよし》親王に新田義貞《にったよしさだ》を付けて越前《えちぜん》に、天台座主《てんだいざす》であった尊澄《そんちょう》法親王（宗良《むねよし》親王）に北畠親房《きたばたけちかふさ》を付けて伊勢へ下らせたごときがそれである。

その時、懐良親王は、征西将軍に任ぜられて九州に下された。九州を平定し、その軍勢を率いて京都へ攻め上るのがその目的であった。行を共にすることになったのは、五条頼元《ごじょうよりもと》以下一二名の廷臣たちである。一行はまず吉野に下ったが、その後の経路は必ずしも明らかではない。おそらく、紀伊国の沿岸部に出てそこから熊野の海上勢力に守られて瀬戸内海を下っていったものと思われる。一行は讃岐国を経由して、おそらく一三三九年ころ伊予の忽那島《くつなじま》（愛媛県松山市中島）に着いた。

忽那島は、伊予と周防の間にまたがる防予《ぼうよ》諸島の一角にある島で、九州の南北両勢力の動向を把握するのに都合のいい地理的条件を有しているが、それにもまして重要なのは、そこを拠点とする忽那氏がすぐれた水軍力を保持する海の領主だったことである。忽那家に伝えられた『忽那家文書』の中の「忽那一族軍忠次第」と名付けられた文書には、同氏が京都や山門《さんもん》（比叡山延暦寺）、淡路島、和泉堺（大阪府堺市）、備後鞆（広島県福山市）、周防屋代島（山口県周防大島町）など、畿内はもとより、瀬戸内各地に出陣して南朝方のために勲功をあげていることが記されている。また、「忽那一族軍忠次第」には「熊野勢」が二度にわたって忽那島に下ってきたことが記されている。時期は明示されていない が、懐良親王の忽那島来島に関係するとみることができるだろう。懐良親王をめぐって「熊野勢」と忽那氏が緊密に連携している様子がうかがわれる。

懐良親王の一行は、忽那島に三年間滞在したのち、九州に向かって出立し、一三四二（興国三）年に薩摩に到着した。この九州渡海に当たっても、当時忽那氏を率いていた忽那義範《よしのり》の率いる水軍が大きな役割を果たした。彼らは前記「軍忠次第」に、この時の自分たちの功績を「同（征西将軍）宮鎮西御下向、御出立ならびに路次供御以下の事」「勘解由次官《かげゆのすけ》（五条頼元）父子鎮西渡海の事」などと記録にとどめている。こうして懐良親王一行は瀬戸内の海上勢力に守られて目的の地九州に無事渡ることができたのである。

九州へ渡ってから後も懐良親王と海上勢力との縁が切れてしまったわけではない。懐良親王らの九州渡海後も「熊野海賊」と忽那一族は連携しつつ一行を助けた。親王は、薩摩到着後同国南朝方の中心人物谷山隆信《たかのぶ》の拠る谷山城へ入った。谷山城は、鹿児島市街地の南端に位置する城である。西から東に向かって延びるシラス台地の先端部に築かれた城は、今も遺構をよく残している。

懐良親王はこの谷山城近辺で五年ほど過ごし、やがて九州制圧を目指して北上を始めるが、それに先立つ一三四七（貞和三＝正平二）年夏、再び南朝方の海上勢力が大々的に動いた。島津氏の関係記録によると、まず同年五月、「四国中国海賊等三十余艘」が日向の飫肥《おび》南郷《なんごう》（宮崎県日南市）から大隅の肝付《きもつき》郡（鹿児島県肝属郡）にかけての沖合いを「奔通」した（『旧記雑録前編』巻二二）。「奔通」というのは、島津氏の文書に記されている用語をそのまま引用してみたものだが、現在の言葉で言えば、走り抜けた、くらいの意味であろうか。ただそこには、単に走り抜けたというにとどまらず、日向から大隅にかけての海域を集団ですばやく移動していった「四国中国海賊」の軍船に対する驚きと恐れの気持ちが込められているように思われる。

図11　東福寺城跡からみた鹿児島湾

　これに対して島津貞久は「急速に用意を致すべし」と諸将に命じている。この海賊衆の襲来が九州の北朝方の武将にとって容易ならざる事態であったことがわかる。さらに六月にはいると、忽那氏を中心にしていたに違いない「四国中国海賊等」は谷山城の懐良親王一行に加勢して、島津氏をはじめとする北朝方と合戦に及んだ。このような流れの中で、冒頭に記したような「熊野海賊以下数千人」による東福寺城攻撃はおこなわれたのである。

「熊野海賊」や忽那氏の攻撃の対象になった東福寺城の中心部に立って東方を望むと、眼下には鹿児島湾（錦江湾《きんこうわん》）、その向こうには桜島《さくらじま》を目にすることができる。城の膝下《しっか》まで船を漕ぎ寄せてきた「熊野海賊」らは、この東側斜面をよじ登って城を攻撃したに違いない。陸からの攻撃には隙があるようにはみえない東福寺城も海からの攻撃には弱点があったのかもしれない。このとき城中にいた渋谷氏の、「熊野海賊以下数千人、海陸共に寄来るの間、無勢たるといえども、身命を捨てて防戦」したとの報告は、「熊野海賊」らの攻撃のすさまじさをよく伝えている。

このように、忽那氏と連携しながら、懐良親王の九州渡海に協力し、さらには九州制圧を目指す行動をもバックアップしようとした「熊野海賊」とはどのような勢力なのだろうか。

2 熊野灘の海賊

熊野別当湛増

まず、熊野についての地理的感覚をつかんでおく必要があるだろう。熊野というのは、紀伊半島南部一帯を指す地域呼称である。どこからどこまでという明確な範囲が決まっているわけではないが、大化前代に熊野国が置かれていたというのが語源であろうから、それを引き継いだ紀伊国牟婁《むろ》郡がだいたいの範囲と言える。牟婁郡はのちに東西南北に分割され、東西牟婁郡は和歌山県に、南北牟婁郡は三重県に属することになる。この地域は基本的に山がちなところだが、一方では太平洋（直接的には熊野灘）に面した長い海岸線も有している。この海域は、西の瀬戸内海、東の伊勢湾など海上交通の発達した海域を結び合わせる位置にあるところから、古くから多くの海にかかわる人々の活動もみられた。

また熊野という呼称には、このような地域呼称のほかに、その地に所在する熊野三山《さんざん》（熊野本宮《ほんぐう》大社、熊野速玉《はやたま》大社〈新宮《しんぐう》とも〉、熊野那智《なち》大社）を指す場合もある。たとえば、「熊野海賊」という場合には熊野三山の影響下にある海上勢力というニュアンスが含まれることもあることを理解しておく必要がある。

熊野で活動する海上勢力の歴史は古いが、最も有名なのは源平争乱期に活躍した熊野別当湛増《たんぞう》だろう。平安末期、熊野三山を統括する熊野別当の地位は、新宮の地に拠点を置く新宮家と、主要な熊野参詣路中辺路《なかへち》の起点にあたる田辺《たなべ》に進出して別家を立てた田辺家によって争われていたが、田辺家に出自した湛増は、別当の地位をめぐる争いを有利にすべく、みずから源平争乱の中に身を投じていった。

以仁王《もちひとおう》の令旨《りょうじ》を受けて反平家の兵をあげた湛増は、弟湛覚《たんかく》や新宮家との争いに敗れて一時は逼塞《ひっそく》するが、態勢を立て直して熊野から伊勢・志摩《しま》方面へ攻め込むことによって窮地を脱した。その際に湛増が味方につけたのが、海辺の武装勢力であった。記録に断片的に表れる彼らの姿を追ってみると、敵対勢力から「悪僧」「悪徒」「武勇の輩」などさまざまな呼ばれ方をしながら、多数の船舶を使って志摩国波切《なきり》、同伊雑《いざわ》（ともに三重県志摩市）、伊勢国二見浦《ふたみがうら》（同伊勢市）など、志摩から伊勢にかけての沿岸部一帯に進出していることがわかる。彼らは、熊野山の衆徒・神人《じにん》・社僧などからなる集団で、それらが湛増に率いられて、内乱に乗じて平氏勢力の手薄なところへ出没したのだろう。

彼らの海上での活動能力は、内乱後期になると、瀬戸内海において平家を追い詰めてい

図12　田辺の闘雞神社

た源義経の注目するところとなり、一一八五（元暦二）年の壇ノ浦の戦いに加わることになる。『平家物語』（巻一一）には、田辺の新熊野社（田辺市の闘雞《とうけい》神社）の神前で白い鶏と赤い鶏を闘わせて源氏と平家の戦いの帰趨《きすう》を占ったのち、源氏軍に合流するために壇ノ浦に向けて軍船を進める湛増の姿が、「二千余人の軍勢が二百余艘の舟に乗りあって、舟には熊野の若王子《にゃくおうじ》の御正体を乗せまいらせ、旗には熊野の守護神金剛童子を描かせて、源氏方へ漕ぎよせた」と、印象深く描かれている。

このような別当湛増の活躍の流れを受けて、南北朝期に再び歴史の表面に現れてきたのが「熊野海賊」である。彼らの活動は、湛増のそれのように軍記にとどめられることはなかったが、その活動期間は湛増よりも長く、また活動範囲も広い。その最も顕著な例が先の一三四七（貞和三）年の薩摩での合戦ということになるだろう。数千人の軍勢で東福寺城に攻め寄せて北朝方の武士を震え上がらせた「熊野海賊」の実態を追ってみることにしよう。

古座川の河口

熊野灘の沿岸には船舶の停泊に適した小さな入江が数多く点在し、そこにはさまざまな海上勢力が拠点を置いていたものと思われる。ただ、それらのすべてが一族の歴史を伝える史料を残しているわけではないから、その全貌をとらえることは容易ではないが、それらのうちのいくつかについては、関係史料をたどることによって海上活動のあり方を明らかにすることができる。

なお、それらの史料については、主要なものはほとんど『日置川《ひきがわ》町史』（第一巻）に収められている。同書通史編は、熊野の海上勢力についての格好の概説書でもある。また、高橋修編『熊野水軍のさと』は、地域の視点に立って史跡、城郭、信仰など多方面から熊野の海上勢力に光をあてようとした労作である。これらを参考にしながら「熊野海賊」の実態を探ってみることにしよう。

古座《こざ》川は、熊野の山中から流れ出して潮岬《しおのみさき》の東方で熊野灘に注ぐ河川だが、その河口近くの西岸に位置する西向浦《にしむかいうら》（和歌山県串本《くしもと》町）は、小山《こやま》氏と呼ばれる海上勢力の本拠があった所である。一定の水量を有する河川の河口には、湊《みなと》が発達しやすい。河川が運んできた砂が海岸流の影響を受けて砂嘴が発達し、波静かな海面が形成されるからである。だが

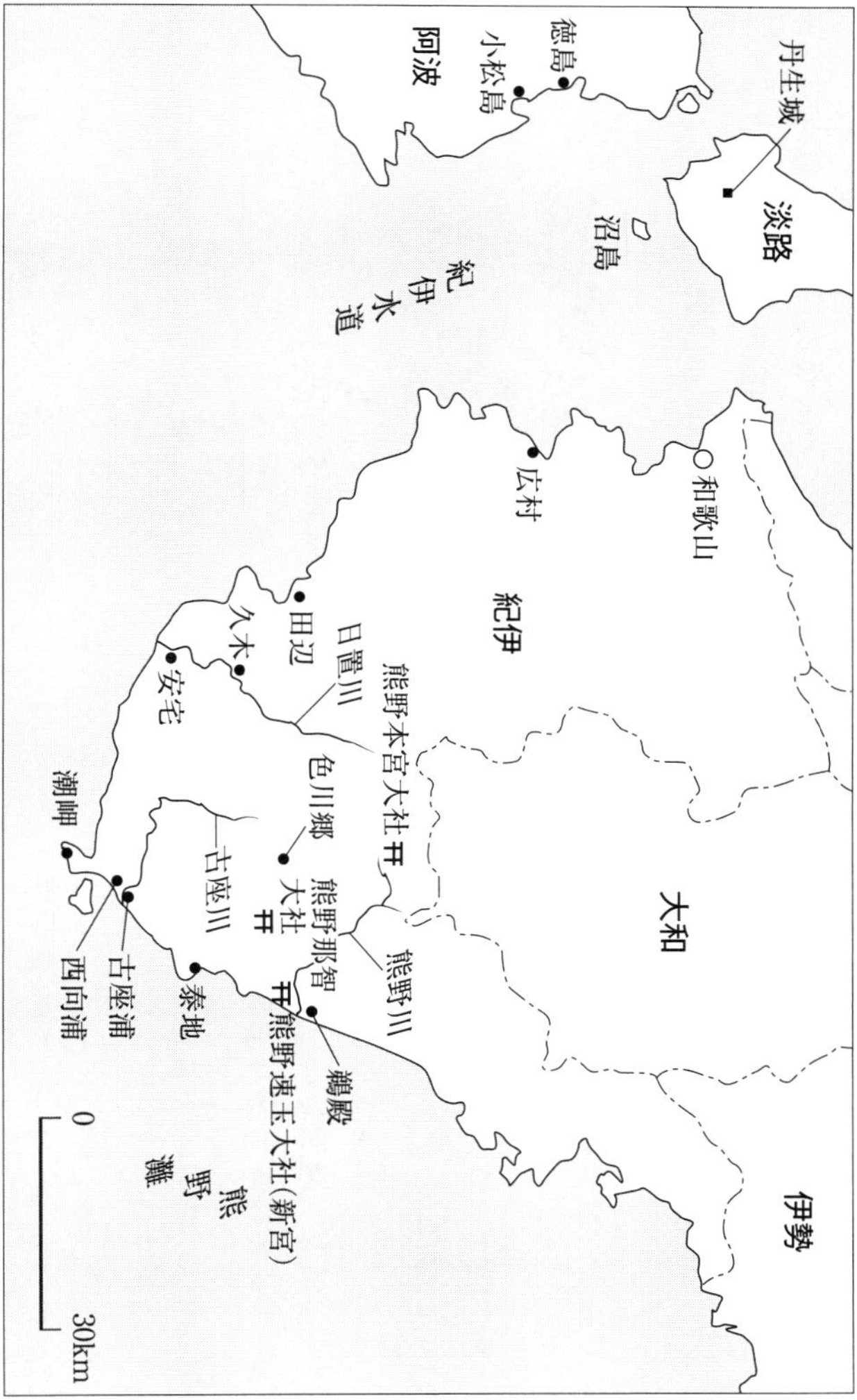

図13　熊野地方関係地図

図14　古座川の河口。左が古座浦、右が西向浦

それ以上に重要なのは、その地点が、河川水運と海運の結節点となり、人や物が集まりやすくなることである。熊野灘の沿岸には河川の河口に発達した川湊が多くみられるが、西向浦もそのようなものの一つである。

現在はかつての面影はほとんど失われているが、それでも河口に形成された小さな砂嘴の内側にはわずかに川幅が膨らんだところがあるので、そのあたりがかつての川湊の跡だろう。近くには小山氏の屋敷跡と伝えられる所があり、その背後の丘陵は「城山」と呼ばれている。「城山」は古座川の河口やその沖合いを一望のもとにおさめる立地である。

ちなみに、西向浦の対岸は古座浦と呼ばれ、高川原《たかがわら》氏の本拠だった所である。高川原氏も小山氏同様の海上勢力だったようで、西向浦と同じように河口を見下ろす位置に「古城山」と呼ばれる城郭の跡が残されている。古座浦は近世には漁村として栄え、今も川岸に沿って並ぶ町並みが川湊に成立した漁村の面影をよく伝えている。

一八世紀の航路記『増補日本汐路之記《ぞうほにほんしおじのき》』には、古座は串本沖の大島の一里下《しも》に位置する川湊で、大船も入る、と記されているから、古座川の河口に良港が開けていたことがわかるが、それは程度の差はあっても中世までさかのぼるものと思われる。

西向小山氏

小山氏は、鎌倉時代の関東の有力御家人下野小山《しもつけおやま》氏（紀伊の小山氏と読み方が異なる）の流れをくむと伝えられる。系譜類などは、一三三一（元弘元）年楠木正成《くすのきまさしげ》が河内《かわち》の赤坂《あかさか》城に籠った時、鎌倉幕府の命令を受けて小山一族が討伐に向かい、秀朝《ひでとも》・経幸《つねゆき》・実隆《さねたか》の三兄弟が熊野にやってきたと記す。また、兄弟のうち経幸は先に阿波国に下り、そこから熊野に来たと伝えるものもある。一方、下野小山氏側の系図には、秀朝のみがみえて経幸・実隆はみえない。下野小山氏との系譜関係は今後の検討の余地があるだろうが、三兄弟の内の経幸が三箇庄久木《みかのしょうひさぎ》（和歌山県白浜《しらはま》町）を、弟の実隆が塩崎《しおざき》庄西向を本拠にしたことは間違いないようである（両小山氏を区別するために、前者は久木小山氏、後者は西向小山氏と呼ばれている）。

西向小山氏にはまとまった伝来文書が残されて、それによって南北朝期の活動をある程度知ることができる（網野善彦「小山家文書について」）。南北朝期の文書は主として実隆と子の隆長に関するものだが、それらをみてみると、西向小山氏の海上勢力としての特色がいくつかみえてくる。一つは、熊野新宮との結びつきである。文書のあて先として、「熊野山小山三郎」「熊野新宮一味衆中」などとみえるばかりでなく、みずからも「熊野山上《じょう》綱《こう》」などと名乗っている。「上綱」の実態はよくわからないが、後世には「熊野七上綱」などと呼ばれて、合議によって新宮の統治に当たった集団を指すこともあったようだから、当時は新宮の衆徒や神人として組織された者の地位を示す言葉だったと考えられる。

　これらのことからすれば、西向小山氏が新宮の権威と結びつくことによってその地位を確保すると同時に、他の一族とともに「一味衆」として活動する存在であったことがわかる。一味する相手としては、文書のあて先に「塩崎一族御中・小山一族御中」「塩崎・小山一族等中」などとみえる塩崎氏が確認できる。塩崎というのは、潮岬を中心にしてその周辺沿岸部を指す塩崎庄にちなむ名だから、塩崎氏も小山氏の近隣で活動する一族と言えるだろう。

　西向小山氏のもう一つの特色は、顕著な海上活動である。一三三六（延元元）年六月には、「朝敵足利一族、新宮諸上綱以下」の軍勢が上洛しようとした時、それを阻止するために海上に出向いて合戦し、翌年二月には、田辺惣領法印《そうりょうほういん》（田辺別当か）の城郭の大手城戸《ご》口を攻めたりしたことが確認できるが、注目すべき活動場所として、年未詳六月三日付後村上《むらかみ》天皇綸旨にみえる沼島《ぬしま》や小豆島《しょうどしま》があげられる（以下、瀬戸内海の地名については一七ページ図1参照）。同綸旨には、先に沼島での後方支援を命じたが、今度は小豆島に敵勢が来襲したとの報告があったので急いで小豆島に向かうようにと記されている。

ここにみえる沼島は、淡路島の南方に浮かぶ島で（兵庫県南あわじ市）、紀伊と四国を結ぶ航路上に位置している。小豆島は淡路島の西方に位置し、畿内から瀬戸内海中心部へ向かう際の入り口に当たる（小豆島は現在は香川県に属するが、当時は、後に岡山県域となる備前国に属していた）。いずれも南朝勢力の優勢なところで、小豆島ではすでに一三三七（延元二）年に佐々木《ささき》信胤《のぶたね》が兵を挙げていて、後醍醐天皇から小山一族や塩崎一族に対して佐々木氏への援軍を出すように求められていた。

また沼島や、佐々木信胤の支配下にあった児島《こじま》（倉敷市）は、四国の南朝勢力のテコ入れのために伊予に派遣された脇屋《わきや》義助《よしすけ》（新田義貞の弟）が途中立ち寄った所として知られる。『太平記』（巻二二）によると、義助は一三四二（康永元＝興国三。『太平記』は暦応三＝興国元年と記しているが、史実としては康永元年のことと考えられている）年の四月、吉野を発って、高野山を経て田辺に出、新宮別当湛誉《たんよ》など「熊野人ども」の兵船三百余艘に送られて淡路の「武島」（沼島）に着いた。ここには、「安間《あま》・志知《しち》・小笠原《おがさわら》」などの宮方勢力がいて、やはり三百余艘の兵船をそろえて義助を備前の児島へ送り、児島では、佐々木信胤らに護られて四月二三日に伊予の今張浦《いまばり》（愛媛県今治市）に着いた。

このような前後関係を考えると、先の六月三日の後村上天皇綸旨は、脇屋義助の伊予渡海に先立って、南朝方が小山氏に沼島や小豆島・児島での海上警固活動を命じたものとみることができるだろう。あるいは、『太平記』のいう、田辺から沼島へ義助らの一行を兵船で送った「熊野人ども」の中にも小山一族が含まれていたかもしれない。

海上のネットワーク

同じころ、西向小山氏は淡路の丹生城《にゅう》へも出陣したらしい。年未詳七月一七日付で塩崎一族・小山一族にあてた大将軍某御教書は、丹生城での後方支援が遅れたため同城が落城したことや、小豆島に敵勢が押し寄せてきたことを告げ、丹生城や小豆島の後方支援として出陣することを小山一族らに求めている。これらをみると、小山一族は、淡路島から小豆島にかけた海域での海上軍事活動に力を発揮していたことがわかる。

なお、ここにみえる丹生城は、淡路国賀集《かしゅう》庄に所在していた城と考えられるが（南あわじ市）、ここへの出陣は伊予国忽那氏と連携した行動である可能性がある。「忽那一族軍忠次第」の中に「淡路合戦」との記述があり、この時期に忽那氏が出陣していることがわかるからである。とすると、ここでも熊野と伊予の南朝勢力が時を同じくして淡路に出陣して連携した活動をしていたことがわかる。そのことを考慮に入れると、二度にわたって忽那島へ下って行ったと『忽那家文書』に記されている「熊野勢」も、あるいは西向小山氏だったかもしれない。

このような西向小山氏の活動をみてみると、同氏を含む「熊野人ども」の拠る熊野灘沿岸、脇屋義助を児島へ送り届ける役割を果たした「安間、志知、小笠原」などの一族のいる沼島や淡路島の周辺、佐々木信胤が挙兵し、支配下に置いている小豆島や児島、そして瀬戸内海西部で幅広い活動をする忽那氏の本拠忽那島などを結んで、南朝の海上ネットワークとでもいうべきものが出来上がっていたことがわかる。脇屋義助はまさにそのネットワークを使って伊予まで送られたわけだが、同じ年に薩摩に着いた懐良親王の場合も、おそらくそのネットワークに護られるところが大きかったのではないだろうか。

日置川と安宅氏

古座川の河口を本拠とし、潮岬周辺を主要な活動領域としていたらしい西向小山氏に対して、そこから約三〇キロメートルほど西に位置する安宅庄《あたぎ》(白浜町)を本拠としていた海の領主に安宅氏がいる。安宅氏の本拠の地に立ってみると、周囲を山に囲まれた小低地で、海とのかかわりをうかがわせるようなものは見当たらない。小低地のほぼ中央部に安宅氏本城跡と伝えられる一角があって、そこが居館の地と考えられている。その居館を取り巻くように、周囲の山中には、北方の八幡山《はちまんやま》城、西方の大野《おおの》城、南方の勝山《かつやま》城など、強固な防御施設を持った山城が設けられている（高橋修編『熊野水軍のさと』）。

これをみる限りでは安宅氏は、各地に多くみられる山間の小領主の印象が強いが、小低地の西側の山麓を流れて熊野灘に注ぐ日置川《ひきがわ》が安宅氏を海と結びつける重要な役割を果たしていた。安宅氏本拠の地から日置川の河口まではわずか三キロメートルほどで、河口右岸には日置浦と呼ばれる港がある。ここは、現在は小さな漁港にすぎないが、近世には重要な川湊だったようで、前記『増補日本汐路之記』には、「川湊下口に小島有り、大船出入りするみなとなり」と記されている。今も河口近くに中洲がみられるが、その中洲との間の水路に面して川湊が開かれていたのだろう。この川湊はおそらく中世までさかのぼるはずで、安宅氏は日置川と日置浦を通して熊野灘と結びついていたのである。

そのことを考えると、日置川河口の左岸の丘陵上に設けられた大向出城《おおむかいでじろ》の存在が重要である。この出城が日置川河口の川湊や熊野灘をにらんで立地していることは明らかで、その点では、西向浦の「城山」や古座浦の「古城山」と同じ役割を果たしているといえるだろう。

ここにみるような城郭配置や川湊との関係が出来上がったのはおそらく戦国時代になっ

てからだろうが、南北朝期にも地形的条件はそう大きくは変わらなかったはずだから、程度の差はあっても似たような状況がみられたのではないだろうか。

その安宅氏は、もとは阿波国に所領を有していた一族で、鎌倉末期のいわゆる「熊野蜂起」（一三六～一三七ページ参照）のとき、鎌倉幕府の命を受けて海賊鎮圧のために紀伊に来住したのではないかと推測されている（『日置川町史』第一巻）。そのような関係からか、残された古文書をみても（『安宅家文書』）、将軍足利義詮《よしあきら》や細川頼春《ほそかわよりはる》など北朝方の人物から阿波国内の所領を安堵されたり、あてがわれたりしたものが多い。これは、安宅氏が故国阿波国における所領の確保に強く執着し、紀伊と阿波の間を頻繁に行き来していたことを示していよう。

図15　日置川の河口

そのような中で、一三五〇（観応元）年六月に足利義詮から「淡路国沼島以下海賊退治」を命じられているのは興味深い。沼島は先にみたように南朝方海上勢力の拠点となっていた所だから、この「海賊退治」も南朝勢力の討伐を意味しているものと思われる。頻繁な阿波への渡海とあわせて、安宅氏の海上軍事力を示すものといえるだろう。

このように安宅氏は、観応〜文和年間には北朝方として活動していたが、のちに南朝方に転じたようで、一三五九（正平一四）〜六二年ころには南朝方から文書の発給を受け、阿波への出陣などを命じられている。

山の領主の海上活動

なお、安宅から、蛇行を繰り返す日置川を約一〇キロメートルほど上流にさかのぼった所に久木《ひさぎ》（白浜町）という小さな集落があるが、ここは西向小山氏の同族久木小山氏が拠点としていた所である。久木小山氏は、西向小山氏の祖実隆の兄に当たる経幸《つねゆき》が、三箇庄久木に土着して成立した一族で、沿岸部に土着した西向小山氏と対照的に山間部を活動場所にしている。ただ久木小山氏は、山間部の活動拠点とは別に海辺部にもいくつかの拠点を有していた痕跡があるところから、山間部における材木調達と海辺部における浦支配を結合させた「山間部における熊野水軍」であったという見方もある（高橋修編『熊野水軍のさと』）。

久木小山氏の海上活動を示す史料は必ずしも多くはないが、そのような中で鎌倉末期の一三二四（元亨四）年四月に、阿波国住人らしい預所《あずかりどころ》肥後守経家《つねいえ》という人物が小山経幸あてに出した文書は興味深い（『久木小山家文書』）。それによると経家は、「海賊出入の所々」において海賊追捕を命じる幕府の命令に従って阿波国勝浦新庄《かつうらしんじょう》の小松島《こまつしま》浦（徳島県小松島市）において、海賊と区別するために船舶に「唐梅《からうめ》」の紋を付けたことを報告している。この時、小山経幸がどのような立場にあったのかは明らかでないが、紀伊水道を渡って阿波国との間を行き来し、同国の海上の安全を護る立場にあったことは間違いない。このようなことを考えると、山の領主が海上活動をしたり、海の領主が山の支配にかかわったりすることがあるという視点を見失ってはならないだろう。

同じ「山の中の熊野水軍」としては、色川《いろかわ》氏のほうが性格がはっきりしている。色川氏が残した史料も、多くないが、一三三六（延元元）年七月、色川盛氏《もりうじ》という人物が南朝方の奉行に提出した一通の軍忠状（合戦の手柄を報告した文書）が注目される。それによると、同年四月には、泰地《たいじ》（太地《たいじ》町）・那智（那智勝浦町）で合戦し、五月には浜宮《はまのみや》（那智勝浦町）・佐野（新宮市）に押し寄せ、新宮山でも合戦した。この時、足利方の石堂義慶《いしどうぎけい》（石塔義房《よしふさ》）らの敵勢が数百艘の船に乗って西方の塩崎浦（串本町）に落ちのびていったので、六月になって兵船に乗って追撃したという（『色川文書』）。これは、同じ六月に西向小山氏が、上洛しようとする足利一族や新宮勢と海上で合戦したと軍忠状に記しているのと重なるから、西向小山氏と連携した行動だったものと思われる。

以上から新宮から潮岬にかけての熊野灘沿岸一帯で活動する海上勢力色川氏の存在を想定できるが、興味深いのは、その色川氏の本拠色川郷が、牟婁郡東部の山中奥深くに位置することである（那智勝浦町）。そこは那智大社からさらに奥に入った所で、その地勢について、和歌山藩の近世地誌『紀伊続風土記』（巻之八十）は、「峯高く谷深く田地少く、山《やま》稼《かせぎ》を専《もつぱら》とするを以て民食常に乏しく、樫《かし》の実を拾ひて穀食の助けとす」と記している。色川氏の熊野灘沿岸での活発な活動と、本拠の地形的条件の落差の大きさに戸惑うが、おそらくこの時期色川氏は、沿岸部の一角に進出してそこにも活動拠点を確保していたものと思われる。

水軍活動には堅牢な船舶が欠かせず、そのために豊富な木材資源が必要であることを考えると、海辺部での水軍活動と奥深い山間部における本拠の存在も、必ずしも結びつかないものではないだろう。ちなみに前掲『紀伊続風土記』は、「（沿岸部から）小《こ》色《いろ》川まで舟《ふな》楫《かじ》の通ひありて運漕の便宜く」（小色川は色川郷南部の地名）とも記していて、大《おお》田《た》川を使った河川交通の便はよかったらしい。

もう一度沿岸部に目をもどすと、ほかにも熊野川河口近くの鵜《う》殿《どの》（三重県紀《き》宝《ほう》町）を拠点にし、近隣の新宮大社別当家とも縁のあった鵜殿氏、潮岬周辺を本拠にし、那智山の衆徒でもあった塩崎氏、那智山の沿岸部に当たる泰地を本拠にし、同じく衆徒であった泰地氏などにも海上での活動を確認することができる。

このうち鵜殿氏の本拠に所在する鵜殿城は、熊野川河口近くの小丘陵上に設けられ、河口近くに所在していたと覚しき川湊を見下ろしている。このような、熊野灘に注ぐ河川とその河口近くの川湊、そしてそれを監視する城山という組み合わせは西向小山氏や安宅氏と共通しているところから、熊野の海の領主の海域支配の一つのあり方を示しているといえるだろう。

「熊野海賊」の実態

このように南北朝期には、潮岬を中心として西の日置川流域から東の新宮にかけての熊野灘沿岸に、その後背地の熊野山中を含めて、多くの海上勢力が存在していた。そのような者たちの一部が、南朝からの催促を受けて遠く南九州まで進出して、その地の北朝勢力と戦ったのが冒頭の島津氏関係史料の「熊野海賊」ということになるのだろう。

それがこれまでに挙げてきた諸勢力のどれに当たるかを確定するのは簡単ではないが、活動時期や活動歴からみて西向小山氏が含まれることは間違いないだろう。脇屋義助の伊予渡海や懐良親王の九州渡海に深くかかわり、西瀬戸内海の忽那島へも二度にわたって下向している同氏の活動歴からすれば、忽那氏と連携しながら南九州の薩摩へ進出していくことはそれほど困難ではなかったはずである。

それに対して、もう一つの有力海上勢力であった安宅氏は、後に南朝方に転じはするが一三四七年の時期は北朝方として活動していたから、懐良親王に協力した可能性は低いといってよい。その他の久木小山氏や色川氏・鵜殿氏などについてはこの時期の史料を欠いていて推測しがたい。

島津氏関係史料は押し寄せてきた「熊野海賊」を「数千人」と表現し、別のところでは「四国中国海賊三十余艘」とも述べている。多少の誇張はあるにしても、島津軍をおびえさせるほどの大勢力であったことは間違いない。西向小山氏だけではこれほどの勢力を動員できるとは考えられないので、同氏を中心にして各地の熊野の海上勢力が加わり、さらには東瀬戸内海の沼島や小豆島の勢力、そして西瀬戸内海の忽那氏をも巻き込んで「数千人」という大勢力が成立したのではないだろうか。

このようにみてくると、島津氏関係史料にみえる「熊野海賊」という言葉は敵対する強力な海上勢力を、敵意と恐れを込めて呼んだものであり、その実態は、西向小山氏など熊野灘周辺の海の領主と西瀬戸内各地の南朝方の海の領主の集合体であったといってよいだろう。なお「熊野海賊」が薩摩で戦った二ヵ月後の一三四七(貞和三)年八月には、「熊野凶徒」が摂津・和泉のあたりに攻め込み、その討伐のために北朝方の細川顕氏《あきうじ》が堺に出陣している（『園太暦《えんたいりゃく》』）。薩摩で戦った「熊野海賊」との関係は明らかでないが、熊野を冠して呼ばれる海上勢力の活動範囲の広さをうかがうことはできるだろう。

3　熊野山と海賊

那智山への初穂

それでは、これら海の領主たちは、戦時に海上軍事活動に従事するだけで、平時における海上活動はみられなかったのであろうか。たとえば、通行料や警固料の徴収のような本来の意味での海賊活動をすることはなかったのだろうか。残された史料が断片的で多くのことを知ることはできないが、その断片的な史料からわかることのいくつかについて述べてみることにしよう。

那智大社の御師《おし》の家に残された古文書の中に「那智山海上々分高納の事」と書き出された一通がある（『米良《めら》文書』）。この文書は後半が欠けており、また日付も差出人も不明だが、その内容から足利将軍が出した命令文書と推定されている。内容は、概略以下のようなことである。

那智山（那智大社）が「海上々分高納」なる名目で那智山沖を航行する船舶から銭貨を徴収していたが、「諸国諸廻船人等」（船を利用して幅広く交易活動をおこなっている商人のことであろう）がそれを迷惑だとして幕府に停止をしてくれるように申し入れた。将軍から先例にならって処理するようにとの指示が出されたので、幕府は「廻船人等」の申請に従って徴収を停止させる旨を「廻船人等」に伝えた。ところが、今度その処置がくつがえされて、新たに徴収停止をやめるようにとの命令が出された（後欠）。

一度は「廻船人等」の要求によって「海上々分高納」という名目での那智大社による銭貨の徴収が停止されたが、その後、那智大社からの強力な働きかけがあったのであろうか、その処置がくつがえされたというのである。室町幕府、那智大社、諸国の廻船人のやり取り自体も興味深いが、ここで注目したいのは、那智大社が「海上々分高納」という名目でなにがしかの銭貨を徴収していて、諸国廻船人等がそれに迷惑しているという事実である。

この文書には早くから多くの研究者が興味を示しているが、重要なのは網野善彦の指摘だろう。網野は、ここにみえる「上分」は関所料を示す言葉であるとし、那智山への報賽を起源として発生したものとする。そして、神仏に捧げる初穂・上分を関料として徴収するのがこのころの関の一般的なあり方であり、諸国の廻船人の活発な往来が恒常的にみられるようになった熊野の海域の津泊には、こうした関が多数設けられていて、その関料すなわち那智山の海上々分を徴収したのは、熊野山の衆徒・神人であった、と述べている（「太平洋の海上交通と紀伊半島」）。

また、勝俣鎮夫氏は、列島各地の海域で活動する海賊が通行料の徴収の正当性を主張する根拠は、彼らの徴収物が海の神々の支配する独自の領域へ侵入した別世界の人々から徴収する海の神々への捧げものに由来するからではないかと述べている（「山賊と海賊」）。これらの諸説を総合すると、海の神々になりかわって初穂を徴収したのが海賊ということになる。

これらの議論をふまえて前記那智山の上分について改めて考え直すと、西向小山氏が自ら「熊野山上綱」と名乗ったり、他者から「熊野新宮一味衆」と呼ばれたりしたことからもわかるように、彼らが日常活動として熊野山の上分を徴収する活動に従事していたことは十分に考えられる。そのような徴収をこころよく思わない「諸国廻船人」から海賊と呼ばれたりすることもあったかもしれない。また、そのような活動の中で身につけた水軍力が前記のような南朝と北朝の軍事的な対立の中で発揮され、相手勢力から敵意を込めて、またある時には畏怖の思いを込めて「海賊」と呼ばれたりしたのだろう。

瀬戸内海での海上警固

那智大社関係文書の中にはもう一通、熊野海賊の日常活動を考える手掛かりになる興味深い文書がある。

□□退治のこと、「申請」のとおりに、泰地・塩崎一族とともに、周防国竈門関から摂津国尼崎に至る「西国運送船ならびに廻船等」を警固せよ。また「櫓別銭」百文を兵粮料足として兵庫島において徴収せよ。もし口実を設けて職務を怠るなら、罪科に処す。よって将軍の命令によって執達する。

暦応三年三月十四日　武蔵守（花押）

（『米良文書』）

これは、一三四〇（暦応三）年に、武蔵守（高師直《こうのもろなお》）が足利尊氏の意を奉じて出した文書だが、残念ながら肝心のあて先が欠けている。[2]内容で興味深いのは、那智大社の影響下にある泰地・塩崎一族が、あて先となっている未詳勢力とともに周防国竈門関《かまどのせき》（山口県上関《かみのせき》）から摂津国尼崎の間において「西国運送船ならびに廻船等」を警固し、その代償として櫓別銭百文を「兵粮料足」として兵庫津で徴収する権限を認められたということである。

櫓別銭は、船の櫓の数を徴収の基準とするもので、そのほかにも帆の大きさを基準にした帆別銭、積荷の量を基準にした駄別銭などがあった。その櫓別銭の徴収を認めたということは、足利幕府が熊野の勢力を味方に付けようとする試みの一つだったのだろうが、重要なのは、その前提となる、泰地や塩崎を拠点とする海上勢力の活動である。

彼らが徴収していた櫓別銭は、竈門関から尼崎までの範囲において廻船等を警固した代償として兵庫津で徴収したというのだから、一定の領域を通行する見返りとして支払われる通行料とはおのずから性格が異なる。おそらく廻船等に乗り込んで上乗りをし、航行の安全を保障する代償として得た警固料と呼ぶべきだろう。戦国時代の瀬戸内海において海賊衆能島村上氏が、日向・薩摩からの「唐荷」の「駄別役銭」を堺津で徴収していたという事例があるが（『厳島野坂文書』序章参照）、そのような活動の早い例がここにみられることになる。

また、このような広範囲での活動は、すぐれた操船技術や戦闘能力さえあれば実現できるわけではなく、瀬戸内各地にそれを支える施設や勢力が存在して初めて可能になるものである。その点で、宮家準氏が指摘するように、熊野修験の活動舞台となった熊野信仰の拠点が瀬戸内の港やその近くに数多くみられることは重要だろう。宮家氏は、その例として淡路の由良《ゆら》（熊野系の諭鶴羽《ゆづるは》権現《ごんげん》の近隣に位置する）、阿波の勝浦（熊野権現）、讃岐の三本《さんぼん》松《まつ》・引田《ひけた》（水主《みずし》の熊野三山）、宇多津《うたつ》・多度津《たどつ》（木熊野神社）、備前の伊部《いんべ》（勝楽寺《しょうらくじ》）、方（片）上（熊山）、林・下津井《しもつい》（児島五流）、備後の尾道《おのみち》（千光寺《せんこうじ》）、長門の豊浦《とよら》などをあげているが（「中世期の熊野修験と海上交通」）、このほかにも熊野の海上勢力の活動を支えるような拠点が、熊野山の荘園支配や熊野権現の分祠に関連して数多く設けられていたものと思われる。

先に一三四七（貞和三）年における、熊野から遠く離れた九州薩摩での「熊野海賊」の大規模な軍事行動をみたが、そのようなことが可能であったのは、ここにみられるような、熊野信仰の拠点を媒介にした熊野の海上勢力による警固活動が幅広く展開されるという背景があったからだと言えるだろう。

のちほど第四章で詳しく述べるように、戦国期以降、瀬戸内海では能島村上氏など村上海賊衆の活動が活発になり、安全保障のための警固活動、合戦時の水軍活動の両面においてて彼らの勢力が瀬戸内海において卓越する状況がみられるようになるが、先の一三四〇（暦応三）年の文書からは、それ以前の南北朝・室町期には、むしろ熊野海賊が瀬戸内海の水運や軍事を掌握していた可能性も考えることができるだろう。そしてそのような状況は、鎌倉時代までさかのぼる可能性がある。

一三〇八（徳治三）年三月、鎌倉幕府から伊予の有力御家人河野通有《みちあり》に対して、「西国ならびに熊野浦々海賊」が近日蜂起したとの情報があるので早く警固をし、その身をとらえよとの命令が出された（『福岡市総合図書館所蔵文書』）。翌年六月にも同じ情報が伝えられ、当時九州にいた通有は、本国伊予に帰って「賊徒」を誅伐するようにとの指示をうけた（『尊経閣《そんけいかく》文庫所蔵文書』）。河野通有は弘安の役に際して水軍を率いて北九州に駆け付け、武勲を挙げた人物として知られている。通有はその勲功によって肥前国神埼庄《かんざき》（佐賀県神埼市）等に所領を与えられ、当時は九州に居住していた。

これをみると、一三〇八～〇九年ころ、西国ならびに熊野浦々において海賊が蜂起し、幕府が近隣の御家人に命じてそれらを鎮圧しようとしていることがわかる。この出来事には関連する史料があり、そのうちの一つには、鎌倉から派遣された南条《なんじょう》左衛門尉という武士が「熊野悪党」を討伐するために一五ヵ国の軍兵を率いて熊野に向かったなどと記されている（『武家年代記裏書』）。これをみると、蜂起の中心は熊野山だったようだが、先の河野通有あての命令をみると、熊野浦々の海賊だけでなく、「西国」（おそらく瀬戸内海を指すのだろう）の海賊も連携していたらしいこと、そしてそれは、鎮圧のために伊予の河野通有を九州から帰国させなければならないほど侮れないものであったことが重要である。ここにはすでに瀬戸内海に進出して「西国」海賊と緊密な連絡を取り合って活動している熊野海賊の姿がある。

なお、この時の蜂起がどのような勢力によってなされたのかは明確ではないが、網野善彦は、蒙古襲来後、西国の交通路支配を強化してきた北条氏によって海上交通上の諸権益を奪われ、活動を抑制された熊野山衆徒・神人を中心とする海上勢力の憤懣の爆発がこの蜂起の原因ではないかと述べている（「太平洋の海上交通と紀伊半島」）。

第四章　戦国大名と海賊——西国と東国

1 瀬戸内の海賊

武装する海賊

戦国時代になると、瀬戸内海を中心に海賊の軍事面での活動が活発になる。その背景には、それまでは浦々を拠点にして航行する船舶から通行料を徴収する活動をおこなっていた者たちの中から、広い海域を上乗りして警固料を徴収する有力海賊に成長する者が現れ、彼らがその仕事をぬかりなくおこなうために武装を強化していったという、いわば海賊の世界の内部事情があった。しかしより重要なのは、彼らを取り巻く外部環境の変化だろう。それはもちろん、列島各地に強力な戦国大名が出現し、海を領域の中に取り込んだ大名たちの中には、そこを守るために海上軍事力を必要とする者も現れたということである。そのような事態に直面した大名たちの中には、自軍の中で水軍を養成する方法を探ると同時に、武装を強化して軍事力を蓄えつつあった海賊を自軍に取り込もうとする者もいた。

瀬戸内海の場合、そのような海賊勢力として戦国大名から最も熱い視線を受けたのが、芸予諸島の村上一族である。[1]

戦国時代になって海賊の活動が活発になるのは瀬戸内海や西国だけでなく、東国の場合も事情は同じであった。とりわけ領国の中に相模湾、江戸湾が取り込まれていて海とのかかわりが深い北条氏は、水軍力の整備に熱心であった。また、その北条氏と敵対した武田氏も水軍に強い関心を有した。武田氏というと、甲斐・信濃を支配した陸の大名のイメージが強いが、一五六八（永禄一二）年に今川氏を逐《お》って駿河《するが》を手に入れてからは、北条氏に対抗して駿河湾で活動する水軍の必要性が高まったのである。

戦国大名や戦国期の社会のあり方が東国と西国で大きく異なっていることはよく知られているが、海賊のあり方についても同様である。そこでここでは、東国と西国の海賊を比較しながら戦国時代の東国、西国社会の違いについて考えてみることにしよう。

成立期の海賊衆村上氏

戦国期の社会において海賊の影響力がより大きかったのは、海の占める部分の大きい西国であったと思われるが、その西国の海賊を瀬戸内海中央部の芸予諸島を拠点にした村上氏に代表させることに異論はないと思われる。村上氏は、俗に三島《さんとう》村上氏と呼ばれるように三つの家からなっていた。能島《のしま》村上・来島《くるしま》村上・因島《いんのしま》村上である。これら三家は、後世の系図では同一の家から分立したものとされているが、実態は定かではない。はっきりしているのは、三家が同族意識を持ちながら、連携や離反を繰り返したということである。

村上三家の成立期の姿は、伝承に覆われていてなかなか実像はつかみがたい。能島村上家が初めて信憑性の高い史料に姿をみせるのは、一三四九（貞和五）年のことである。この年、芸予諸島の一角に位置する東寺領弓削島庄《ゆげじま》（愛媛県上島町《かみじま》。以下、瀬戸内海の地名については一七ページ図1参照）では、幕府からの使節を迎えたが、その接待の記録の中に「野嶋《のしま》酒肴料《しゆこうりよう》」という文言がみえる（『東寺百合文書』よ函）。弓削島庄の人々は、幕府の使節が入部する際の警固の費用として酒肴料という名目で「野嶋」に一定の銭を支払ったらしい。この「野嶋」こそ、のちの能島村上氏と考えられ、同氏がすでに芸予諸島海域で一定の水軍力を有して警固活動をおこなっていたことを知ることができる。

なお、この一六年後の一三六五（貞治四）年に、別のところに姿をみせる能島村上氏がいる。伊予の守護家河野氏の家譜『予章記《よしようき》』にみえる村上義弘《よしひろ》がそれである。同書によると義弘は、当時讃岐の細川氏との争いで苦境に陥っていた河野氏の幼い当主通堯《みちたか》を助け、みずからの軍船に乗せて九州の征西将軍懐良親王《かねよししんのう》の許へ送り届けたという。これをみると、すでにこのころ南朝方水軍として活発に活動する能島村上氏の一族がいたようにみえるが、義弘は『予章記』、しかもそのなかの「今岡陽向軒手記《いまおかようこうけん》」と呼ばれる引用部分にのみ姿をみせる人物で、それ以外の信憑性の高い史料にはまったく姿をみせない（近世以降の物語や地誌にはしばしば姿をみせるが、これらはいずれも『予章記』に依拠した記述である）。そのことを考えると、義弘の実像は明確ではないと言わなければならない。

『予章記』が一五世紀に河野家中で編纂された家譜であることを考えるならば（佐伯真一・山内譲校注『予章記』）、『予章記』中の義弘の姿は南北朝時代の実像というよりも、むしろ『予章記』編纂時における河野家臣団中の能島村上氏のイメージであると考えるべきだろう。

来島村上氏の存在を示す「来島」という語の史料上の初見は、一四五二（宝徳四）年ころ、おりからの伊予国守護河野氏の惣領家と庶子家の争いの中で、惣領家の教通《のりみち》が、支援のために出陣してきた安芸竹原の小早川氏に対して「昨日当城来島に御出陣、目出候」と、礼を述べた書状である（『小早川家文書』）。詳細はよくわからないが、このころ来島城が存在し、両河野氏の争いの中で一定の役割を果たしていたことは間違いない。

それから四年後の一四五六（康正二）年に村上治部進《じぶのしん》という人物が東寺領弓削島庄の状況を東寺に報告しているが、その中で治部進は弓削島庄を不当に支配している勢力の一人をみずからと区別して能島と呼んでいることから、治部進自身は来島村上氏の人物であろう。これらのことからすれば、このころには来島村上氏という意識が出来上がっていたと考えてよいのではないだろうか。

　村上治部進の系譜はさらに五〇年ほどさかのぼることができる。それは、一四〇四（応永一一）年に東寺から弓削島庄の年貢の請負を依頼された前伯耆守通定《さきのほうきのかみみちさだ》という人物である（『東寺百合文書』ト函）。この人物は、請負の状況が村上治部進の時と変わらないこと、東寺から「関方《せきかた》」＝海賊と呼ばれていることなどから判断して、村上治部進の系譜につながる来島村上系の人物と考えることができる。通定は、当時の伊予国の守護河野通之《みちゆき》の求めに応じて上洛するなど、守護ときわめて近い関係にある人物で、また幕府から唐船警固を命じられるなど、海上軍事力を有する存在でもあった。このようなことから来島村上氏の存在は一四〇四年までさかのぼることができる。

　因島村上氏の初期の姿にも諸説がある。同家伝来の『因島村上家文書』には鎌倉末期の文書も含まれているが、それらと村上氏との関係は明確ではないので、確実な史料での初見は、一四二七（応永三四）年に将軍足利義持《よしもち》から感状を与えられた村上備中入道《びっちゅうにゅうどう》とすべきだろう（『因島村上家文書』）。備中入道は翌年には、備後守護山名《やまな》氏から多島《たじま》（広島県福山市田島）地頭職を与えられている。また一四四九（文安六）年にはその子孫と覚しき村上備中守が伊予国守護河野氏から伊予国越智《おち》郡での戦功を賞されている。これらのことからすれば、因島村上氏は一五世紀の前半から活動をはじめ、備後国島嶼部や伊予国に進出していったことがわかる。

こうして、因島・来島両村上氏も能島村上氏から五〇~七〇年ほど遅れた一五世紀の前半から半ばにかけて、すでにそれぞれの海域で活動していたらしいことがわかる。ただ、この五〇~七〇年の差というのは、史料残存の偶然性にも左右されているであろうから、実際には、能島村上氏の活動がみられ始める一四世紀の半ばころには、他の村上氏の活動も始まっていたのではないだろうか。

独立性の強い能島村上氏

このようにして歴史上に姿を現した三村上氏の活動が最も活発に展開されるのは、戦国時代になってからである。能島村上氏は、その名の通り、伊予大島と伯方島《はかたじま》の間の狭い水路上に浮かぶ能島（愛媛県今治市）を本拠とした一族である。能島は、周囲約八六〇メートルほどの小さな島全体を要塞化した海城《うみじろ》で、周囲を激しい潮流によって守られていることを特色としている。最近の発掘調査によって、一四世紀中葉~後半に城として使われ始めたこと、各曲輪には多くの建物が建てられていたこと、島の周囲には岩礁ピットと呼ばれる柱穴が多く残されていること、などが明らかになった。

多くの建物跡は、能島が単なる出城や見張り場などではなく、それなりの生活の場であったことを、また多くの岩礁ピットは、島の周囲に何らかの繋船施設が整えられていたことを示している。また、能島の位置は、芸予諸島中央部を東西にぬける際の重要航路である船折瀬戸《ふなおりせと》ののど元を押さえるところに当たり、この海城が海上交通路をにらんで立地したことがわかる。

能島村上氏はその勢力の拡大にともなって芸予諸島以外にも拠点を広げていった。周防上関《かみのせき》（山口県上関町）、備中笠岡《かさおか》（岡山県笠岡市）、讃岐塩飽《しわく》（香川県丸亀市）などがそれである。いずれも海上交通の要衝で、上関では「関役」、塩飽では「津公事」などの名目で通行料を徴収していた。

能島村上氏は、村上三氏の中では最も独立性の強い一族で、どの戦国大名とも一定の距離を保ち、独自の行動をとることが多かった。能島村上氏が交渉を持った戦国大名は、伊予の河野氏、畿内の細川氏、阿波の三好氏、豊後の大友氏、中国地方の大内氏などさまざまだが、最も関係が深かったのは毛利氏やその一族小早川氏であった。

能島村上氏の全盛時代を現出させたのは武吉《たけよし》とその子元吉《もとよし》・景親《かげちか》である。武吉は、能島村上家の庶家の出だったが、いとこで惣領家の後継者であった義益《よします》との家督争いに勝ちぬき同家の家督を継承した。一五六一（永禄四）年の豊前蓑島《みのしま》（福岡県行橋《ゆくはし》市）沖合戦では毛利氏に味方して、門司《もじ》城から撤退する大友軍を攻め、一五六八（永禄一一）年にも、毛利氏に味方して、阿波三好氏の攻撃から備前本太城《もとぶと》（岡山県倉敷市）を守った。しかし、一五七一（元亀二）年には、備前・美作《みまさか》の浦上《うらがみ》氏や豊後の大友氏に味方して毛利氏に敵対した。この時には、能島城が毛利氏や他の村上諸氏の攻撃を受けて危機に陥った。

図16　能島城跡周辺の潮流。手前が能島

その後、毛利氏との関係を修復し、毛利氏が大坂本願寺に兵糧を搬入しようとして織田信長軍と衝突した一五七六（天正四）年七月の摂津木津川《きづがわ》（淀川の下流）河口での合戦の際には元吉が出陣し、毛利方水軍の中核として大きな功績をあげた。元吉をはじめとする毛利方水軍に加わった者たちの連名の報告書は、この海戦の戦況について、井楼《せいろう》（櫓）を組み立てた数艘の大船とそれを取り囲む二百余の軍船からなる織田方の水軍を残らず焼き崩した、と記している（『毛利家文書』）。

こののち織田信長の中国攻めが進む過程で、羽柴秀吉《はしばひでよし》の調略を受けて元吉が動揺したこともあったが、最終的には小早川隆景と連絡をとりつつ、毛利方水軍としての姿勢を維持した。

河野氏の重臣来島村上氏

一方来島村上氏の本拠来島城は、今治市波止浜《はしはま》の入江の入り口に位置し、芸予諸島南部の航路である来島海峡の出入り口をにらんでいる。同城も周囲八五〇メートルほどの小さな島全体を要塞化した海城で、島の周囲の岩礁上には多数の柱穴の跡が今も残されている。

来島村上氏の全盛時代を築いたのは、通康《みちやす》とその子通総《みちふさ》・通幸《みちゆき》である。河野氏の重臣で、河野氏の当主通直《みちなお》(弾正少弼《だんじょうしょうひつ》)の娘婿でもあった通康は、一五四一(天文一〇)年ころに河野氏の家督争いに巻き込まれた。後嗣のいなかった河野通直が娘婿である通康を嗣子にしようとしたのに対し、老臣たちが庶子家の通政を推して反対したのである。争いは通政方の勝利に終わったが、この時以降通康は、河野氏の家督を断念する代わりに、河野一族としての扱いをうけるようになったという。

一五五五(天文二四)年九月に、毛利元就と陶晴賢《すえはるかた》が安芸国厳島《いつくしま》で雌雄を決したいわゆる厳島合戦は、村上諸氏の水軍力が発揮された戦いとしてよく知られている。この合戦における村上諸氏の参戦の実否には諸説があるが、少なくとも通康に関しては、参戦した可能性が高い。合戦直前の九月二七日の時点では、いまだ帰趨をはっきりさせずに元就をイライラさせているが（『毛利家文書』）、二八日には、二〇〇〜三〇〇艘の来島家の軍船が毛利方に来援したことが厳島神社の神官の記録に記されている（『房顕覚書《ふさあきおぼえがき》』）。

一五六七（永禄一〇）年に死去した通康の跡をついだのは、通総である。通総は父通康と同様に来島村上氏の統率者であると同時に河野氏の重臣でもあったが、一五八二（天正一〇）年、織田信長の勢力が中国地方に進出してくると、前線司令官であった羽柴秀吉の誘いをうけて織田方に寝返った。そのために来島城をはじめとする諸城は、毛利氏、河野氏、能島村上氏などから激しい攻撃をうけたが、それを切り抜けた通総は、秀吉の四国平定後には一万四〇〇〇石の大名に取り立てられることになった。なお、通総の庶兄通幸は、近隣の国人領主得居《とくい》家をついで得居通幸と名乗り、通総と行動を共にして三〇〇〇石を与えられた。

図17　来島村上氏の本拠来島城跡

毛利氏と結びつく因島村上氏

因島村上氏の本拠は、備後国因島の東岸に位置する中庄《なかのしょう》（広島県尾道市）である。中庄の入江の先の布刈《めかり》瀬戸は山陽沿岸と燧灘《ひうちなだ》を結ぶ重要な航路であった。中庄の集落背後の標高二七五メートルの地点には因島村上氏の本城とされる青陰《あおかげ》城が位置し、集落の中には菩提寺とされる金蓮《こんれん》寺も所在している。また島の周囲の沿岸部には長崎城、青木城、幸崎《さいざき》城、千守《ちもり》城などの城が配置され、これらは近海を航行する船舶ににらみをきかせていたものと思われる。

因島村上氏は、因島周辺のみならず、そこから遠く離れた海域でも活動した。一五世紀後半に瀬戸内海を旅した大徳《だいとく》寺の禅僧没倫紹等《もつりんじょうとう》（一休宗純《いっきゅうそうじゅん》の弟子）の日記には、豊後の沖で村上と号する「院島《いんのしま》の海賊」と遭遇したが、その海賊は、一三艘の船を連ね、二百余名の兵卒を抱える集団で、旅人たちの乗った船を周防国遠崎《とおざき》（山口県柳井《やない》市）まで連行していったと記されている（臼井和樹「『〔没倫紹等日記〕』断簡」）。遠崎は、中国本土と周防大島にはさまれた大畠《おおばたけ》瀬戸に面した港で、大畠瀬戸は、周防灘や伊予灘と広島湾を結ぶ海上交通の要衝である。ここで、因島村上氏は、船舶の側と通行料の交渉に当たったのだろう。これをみると因島村上氏は、室町・戦国初期には、大畠瀬戸に面した遠崎などを拠点にして、周防灘や伊予灘などの海域にまで活動範囲を広げていたことがわかる。

因島村上氏の活動拠点としてもう一つ重要なのは備後国鞆《とも》（広島県福山市）である。鞆は、芸予諸島を抜けて東方に向かう航路と山陽沿岸航路が合流する所で、風待ち、潮待ちの港としての自然条件にも恵まれていたので、古くから多くの船舶や旅人が足をとめた港町である（第二章参照）。因島村上氏は港の入り口に位置する大可島《たいがしま》に城を築いて港や沿岸航路を支配した。

因島村上氏の全盛時代を築きあげたのは、吉充《よしみつ》と弟の亮康《すけやす》である。吉充は、小早川氏や毛利氏との結びつきが強く、一五六一（永禄四）年の豊前蓑島沖での合戦、一五七六（天正四）年の摂津木津川口での合戦などにおいて他の村上諸氏とともに戦功をあげた。また一五八二（天正一〇）年に、来島の村上通総が離反した時にも毛利氏への忠誠を誓い、小早川隆景や毛利輝元から周防国内に領地を与えられている。

また、亮康は前記の鞆を支配して「鞆津主」と呼ばれた。亮康は小早川隆景配下の水軍として山陽沿岸ににらみをきかせたが、一五七四年に室町将軍足利義昭《よしあき》が信長によって京を追われ鞆に移ってくると、その護衛と監視も重要な任務になった。

ところで、海賊衆村上氏は、瀬戸内海から外洋に出て倭寇とかかわりを持つことはなかったのだろうか。ともに海上活動をこととすることから、海賊と倭寇の関係に関心が持たれ、松浦党同様に村上海賊も倭寇とのかかわりが問題にされることがある。これまで述べてきたように村上海賊の主な活動時期が一六世紀であることを考えると、倭寇との関係があるとすれば後期倭寇の時期になるが、第二章で述べたような後期倭寇の実態からすると、村上海賊が倭寇にかかわる余地はないように思える。しかし、それでもしばしば村上海賊が倭寇の構成員となったかのような言説がなされるのは、近世の軍記『南海通記』（巻八）に、能島村上氏が海外へ出て戦ったかのような記述があるからである。しかし、『南海通記』はもともと物語性の強い軍記で、それだけを根拠に結論を出すことはできない。

それでは一次史料ではどうかというと、村上氏に残された史料をみる限り、同氏が海外に進出したことを示すような記述はみられない。また、中国側の倭寇関係史料に精通している田中健夫も、村上氏が倭寇の一翼を担った明確な根拠はないと述べている（『倭寇』）。これらのことからすれば、村上氏が倭寇に関与した可能性は低いといえる。

しかし、一方には別の気になる情報もある。村井章介氏は、一五五六年に伊予など四国の倭人が党をなして朝鮮にわたったとの記述が『朝鮮王朝実録』（明宗一一年四月）にあることを紹介している（『中世倭人伝』）。同実録によると、朝鮮官人が対馬島主の使者に、どこの倭人が「賊」をなすのかと聞いたところ、その使者は、博多で赤間関や薩摩からやってきた人から聞いた話として、「四州及び五幸山等」の者であると答えたという（「五幸山」は五島のことか）。また別のところには、「阿波・伊予・讃岐・土沙《とさ》四州及び五幸山の倭人」が党をなして「来賊」したとの記述もある。

このころ対馬の宗《そう》氏が、博多や赤間関の商人から倭寇情報を入手し、それを積極的に朝鮮側に伝えようとする動きがあることなどを考慮に入れると（佐伯弘次「一六世紀における後期倭寇の活動と対馬宗氏」）、見逃しえない記述だろう。村上氏が組織的に倭寇に関与したことはなかったとしても、伊予など瀬戸内海の住人が何らかの条件の下で朝鮮まで出ていった可能性までは否定できないだろう。

毛利・小早川系の海上勢力

芸予諸島には、村上諸氏以外にも毛利・小早川系の海上勢力の活動がみられた。たとえば、因島村上氏の本拠因島の西隣に位置する生口《いくち》島は、生口氏の拠点である。生口氏は、南北朝時代に、当時安芸国の有力国人領主であった小早川氏の庶子が分立した一族で、のちに小早川水軍の重要な担い手となった。生口氏が拠点とした瀬戸田《せとだ》（広島県尾道市）は、瀬戸内海有数の港町で、生口氏は、その港を見おろす丘陵上に俵崎《たわらざき》城を築いて港に出入りする船舶ににらみをきかせた。特に戦国時代の生口景守《かげもり》は、豊前蓑島沖合戦、摂津木津川口合戦などにおいて、村上諸氏とともに毛利方水軍の一翼を担って活動した。

生口島の北側の対岸は、小早川隆景が本拠とした三原《みはら》である。小早川隆景もまた多くの水軍を擁していたが、そのうちの一つが、忠海《ただのうみ》（広島県竹原市）を本拠とした乃美《のみ》氏である。これを率いた乃美宗勝《むねかつ》は隆景の重臣で、特に、村上諸氏と小早川、毛利両氏の間の連絡、調整の面で大きな役割を果たした。忠海の港の一角には宗勝の拠点賀儀《かぎ》城の遺構が今も残されている。

一方、芸予諸島西部の安芸灘にも独自の活動をした海上勢力がいた。下蒲刈島《しもかまがり》（広島県呉市）を拠点にした多賀谷《たがや》氏である。多賀谷氏はもと武蔵国多賀谷郷（埼玉県加須《かす》市田ケ谷《たや》）の地を本貫とする東国武士である。その東国武士が、承久の乱後伊予国北条郷（愛媛県西条市）に地頭職を得て西遷し、さらに、南北朝期には瀬戸内海に進出した。多賀谷氏は、上、下蒲刈島に挟まれた水路に港（のちの三之瀬《さんのせ》港）を確保し、安芸灘周辺で活動した。港を望む岬の上には丸屋《まるや》城が築かれて、両島に挟まれた水路をにらんでいる。

蒲刈島の海域は、山陽沿岸を東西に行き来する航路と、防予《ぼうよ》諸島を間に挟んで伊予灘や周防灘と斎灘を結ぶ航路との結節点に当たるところから、古くから多くの船舶の航行がみられた。そのうちの一人、一四二〇年にこの港に立ち寄った朝鮮使節宋希璟《ソンヒギョン》が、その旅の記録『老松堂日本行録』に、瀬戸内海の東西の海賊の安全保障システムについて記していることは先に述べた（序章）。

宋希璟に「西賊」と呼ばれた多賀谷氏は、最初は周防国の大内氏に仕え、大内氏の滅亡後は毛利氏配下の水軍として戦国時代を生きた。多賀谷氏は、蒲刈島の西方約八キロメートルのところに位置する倉橋島《くらはし》にも進出し、そこでは倉橋多賀谷氏が成立し、丸子山城《まるこやま》を拠点とした。

芸予諸島海域では海上勢力は毛利氏や小早川氏とのつながりが強いが、芸予諸島以外でも他の戦国大名とつながりを持った多様な海上勢力の活動がみられた。瀬戸内海の東部、備前・備中両国と讃岐国の間に点在する備讃諸島海域を活動の舞台としたのが塩飽の人々である。備讃諸島のうち香川県丸亀市、坂出市《さかいで》沖に集まっている島々は特に塩飽諸島と呼ばれるが、そこが海上勢力の拠点である。塩飽の海上活動の特色は水軍というよりもむしろその水運力にあった。すでに序章において、塩飽の源三なる人物が船頭をつとめる客船が備前日比《ひび》(岡山県玉野市)の沖で海賊と遭遇したことを述べたが、このように塩飽を船籍地とする船舶が瀬戸内海を多く運航していたものと思われる。

塩飽の水運力が最もよく発揮されたのは織豊期から江戸初期にかけての時期で、織田信長の毛利攻め、豊臣秀吉の九州攻め、小田原攻め、朝鮮出兵などに大きく貢献した。これら塩飽の船方衆は、やがて秀吉から一二五〇石の領地を認められ、これが近世の人名《にんみょう》制へと発展していく。人名制というのは、塩飽の船方衆六五〇人が、統一政権への貢献を評価されて、島での自治を認められた制度である。

防予諸島と九州沿岸

一方、目を西のほうに転じると、周防国と伊予国の間に点在する防予諸島は忽那《くつな》氏が活動舞台にしたところである。忽那氏は、防予諸島の伊予寄りに位置する忽那島（愛媛県松山市）に平安時代の末期から姿をみせ始める一族である。鎌倉時代には島の開発領主として御家人の地位を得、南北朝時代になると積極的に海に進出していった。最も活発なのは南北朝期の忽那義範《よしのり》の時期で、義範は、九州に下る途中の懐良親王を島に迎え、三年にわたって保護し、一三四七（貞和三）年には同親王を支援するために、熊野海賊とともに薩摩東福寺城まで進出したことは第三章で述べた通りである。忽那氏は、戦国時代になると伊予の戦国大名河野氏との結びつきを強め、同氏の水軍力の担い手となる。

なお、同じ防予諸島のうち忽那島の南に位置する二神島《ふたがみ》は、二神氏の拠点としたところである。同氏も戦国時代には、河野氏の水軍の一翼を担った。

防予諸島からさらに西に進んで九州沿岸に達すると、佐賀関《さがのせき》半島や国東《くにさき》半島を拠点にした海上勢力がみられる（一〇六ページ図10参照）。これらの多くは豊後の戦国大名大友氏の水軍としての役割を果たした。佐賀関半島の南岸に位置する一尺屋《いっしゃくや》（大分市佐賀関町）を本拠とする若林《わかばやし》氏は、臼杵《うすき》湾の浦々を支配し、大友氏が周防や伊予に進出した時には、中心的な役割を果たした。特に、一五六九（永禄一二）年に周防国秋穂《あいお》（山口市）沖で大友、毛利両軍が衝突した時には、若林鎮興《しずおき》が「大将」として出陣し、数十人を討ち取り、敵船一艘を切り取った戦功を大友宗麟《そうりん》から感賞されている（『若林文書』）。

また、国東半島の北岸に位置し、周防灘を一望する岐部《きべ》庄（大分県国東市）を本拠とする岐部氏、国東半島南岸に位置し、別府湾をにらむ真那井《まない》（同県日出《ひじ》町）を本拠とする渡辺《わたなべ》氏なども大友氏の水軍として重要な位置を占めた。

このように戦国時代の西国、とりわけ瀬戸内海には、海賊衆村上氏以外にもさまざまなタイプの海上勢力が存在した。彼らの性格をどうみるかはなかなかむずかしい。多様な海上活動をおこなっているが、通行料の徴収などの行動はみられないし、史料上も、海賊という記述はほとんど見当たらない。そのような点からすると、厳密な意味での海賊と呼ぶことはできないだろう。ただ村上氏など海賊の周辺に、このような多様な海上勢力が存在していたのが西国の海の世界の特質であったことを見逃してはならない。

2　北条氏・武田氏の海賊

北条氏の海賊

東国の戦国大名の中で、水軍の編成に最も意を注いだのは北条氏であった。それは、同氏が関与する海域が相模湾を中心にして西は駿河湾の一部、東は江戸湾の大部分にまで及んでいたからである。そこが北条氏の海であったとすれば、一定の領域支配の実を上げるためには、相応の海上勢力が必要となったことだろう。

北条氏康《うじやす》時代の一五五九（永禄二）年に作成された、北条氏家臣の所領台帳ともいうべき『小田原衆所領役帳』には、「浦賀《うらが》定海賊」すなわち浦賀を拠点とする海賊として、愛《あい》洲《す》氏、高尾《たかお》氏があげられている。そのほかに海賊役を命じられる者として、小山《こやま》氏、三崎《みさき》十人衆などがいた。これをみるとこの時期には浦賀（横須賀市）が海賊の拠点として中心的役割を果たしていたことがわかる。浦賀は、浦賀水道を挟んで房総半島と最短距離の位置にあるから、そのころ北条氏と対立していた里見《さとみ》水軍の動きに対応する基地としては最適だったのである。

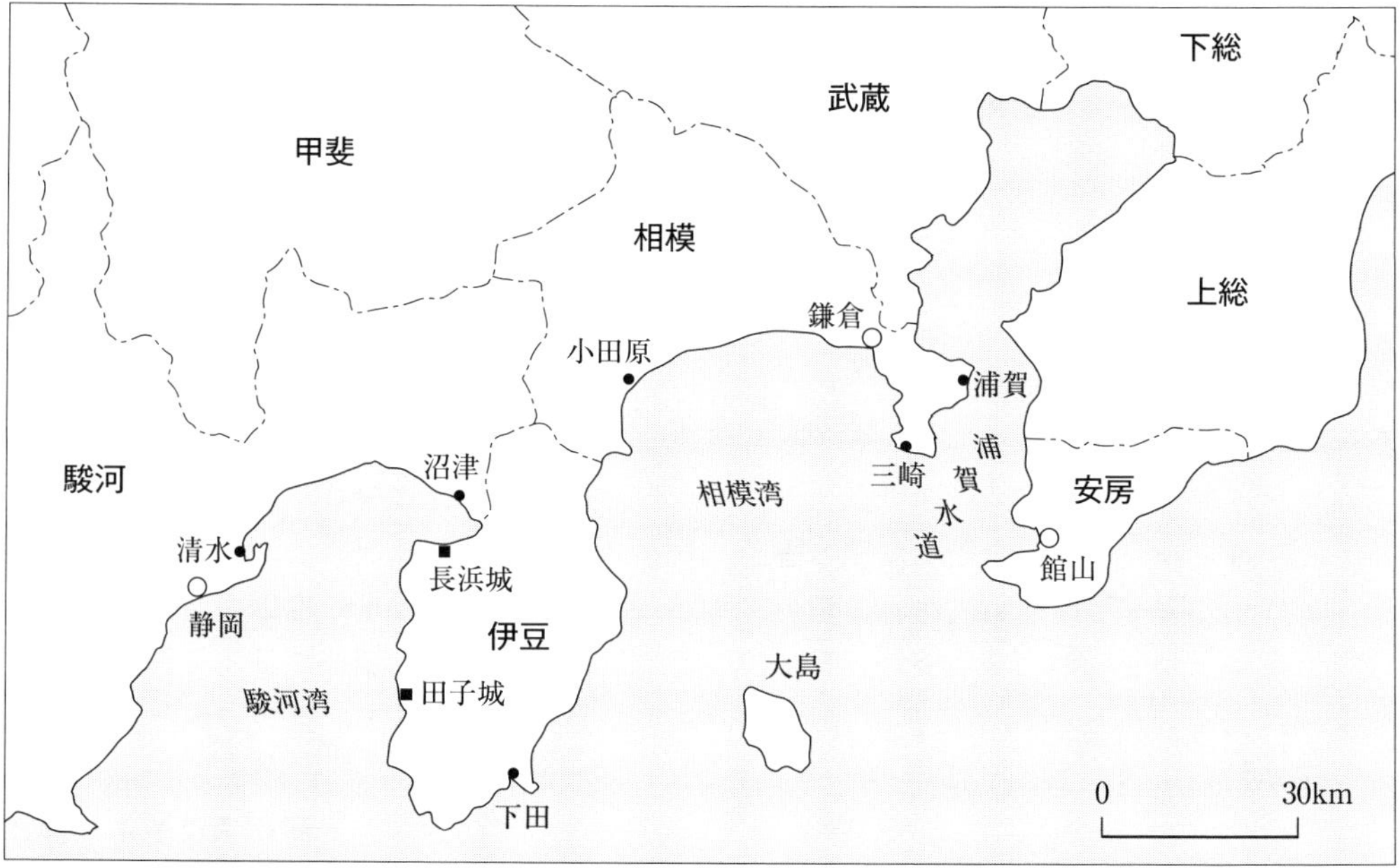
甲斐
相模
武蔵
下総
上総
安房
駿河
伊豆
鎌倉
小田原
浦賀
浦
賀
水
道
三崎
沼津
相模湾
清水
静岡
長浜城
駿河湾
田子城
下田
大島
館山
0
30km
図18　東国関係地図

紀伊から来た梶原氏

『小田原衆所領役帳』に海賊と明記されているわけではないが、同じように北条氏の水軍としての活動がみられた一族として、伊豆半島西岸に本拠を置く山本《やまもと》氏や梶原《かじわら》氏がいた。山本氏は、伊豆半島西岸の田子《たご》城（静岡県西伊豆町）を本拠とする、伊豆出身の海賊である。山本氏の当初の主要な活動海域は、里見氏と競合する三浦半島沖や江戸湾であったが、駿河湾に武田の勢力が及ぶようになると、活動の拠点を田子浦に移すようになった。

山本氏が伊豆はえぬきの海賊衆であったとすれば、梶原氏は、外来の海賊衆である。梶原氏の本国は紀伊国であった。紀伊国の湯浅《ゆあさ》湾に面した広《ひろ》村（和歌山県広川《ひろがわ》町）がその本拠と伝えられている。おそらく熊野海賊として活動した一族の流れをくむのだろう。そのような外来の海賊衆としての梶原氏の性格は、一五六八（永禄一一）年に、北条氏が梶原景《かげ》宗《むね》にあてた朱印状によく表されている（『紀伊続風土記』）。

それによると、梶原氏は北条氏に、本国紀伊へ帰らせてほしいと申し出ている（真鍋淳哉「海から見た戦国時代」）。それに対して北条氏側は、「相房勝負」（北条氏と里見氏の戦い）が今年か、来年にあるだろうから、「来々年」には希望通り帰国を認めるが、それまでは在国してほしいと述べている。この帰国の申し出が、一時帰国か、それとも永久帰国か、また、梶原氏が本気で帰国を求めているのか、それとも知行給付の増額を求める手段として帰国を持ち出したのかは定かではない。だが、このような帰国の申し出が梶原氏から北条氏に対して持ち出されたこと自体が重要だろう。

図19　長浜城跡から駿河湾方向を望む

梶原氏にとっては、現在は北条氏に仕えているが、故国紀伊は場合によっては帰るべき場所としてなお生きており、また北条氏も、梶原氏が紀伊に帰国することは、可能性として十分あり得ると認識していたのである。ここには、外来の傭兵的な海賊衆としての梶原氏の性格が色濃く表れていると言える。

梶原氏も早くには、相模国三浦郡に多くの所領を有し、三崎を拠点にして江戸湾の警備に当たっていたが、駿河湾で武田氏との緊張が高まってからは、山本氏同様西伊豆に拠点を移し、長浜《ながはま》城（静岡県沼津市）を本拠にしたらしい。その長浜城は、伊豆半島西岸の付け根に当たる内浦《うちうら》湾に面した城で、そこからは、狩野《かの》川河口近くに位置する武田方の三枚橋《さんまいばし》城（沼津市）のあたりを遠望することができる。

武田氏の海賊

一方、北条水軍の相手となった武田氏の水軍は、急ごしらえの水軍と言えるかもしれない。武田信玄が一五六八（永禄一二）年に駿河に進出して以降、東の北条氏の水軍、西の徳川氏の動きに対抗するために短時間の内に体制を整えたからである。そのような場合、どうしても自軍の中で水軍を養成するよりも、他国の既成の水軍を招致することが水軍編成の中心とならざるを得ない。実際、武田氏の水軍の主力は、北条氏の場合以上に他国出身の水軍によって占められていた。

そのような武田水軍の実態を柴辻俊六氏は次のように整理している（『戦国大名武田氏の海賊衆』）。

・今川氏の船奉行であった岡部《おかべ》忠兵衛《ちゅうべえ》（のちに土屋《つちや》豊前守貞綱《さだつな》と改める）や伊丹《いたみ》氏などのような旧今川水軍。
・武田氏の伊豆侵攻時に武田方に誘引されたらしい間宮《まみや》氏のような旧北条水軍。
・伊勢湾で活動していたのを招致した小浜《おはま》氏や向井《むかい》氏。

そのような武田氏の他国水軍の代表として、志摩出身の小浜氏をあげることができる。小浜氏と武田氏の関係をみるには、武田信玄が一五七一（元亀二）年に土屋豊前守にあてた文書が興味深い。土屋豊前守は、先に述べたように元今川水軍の一員であった岡部忠兵衛のことだが、このころ武田水軍の取りまとめに当たっていたものと思われる。ここで信玄は、海賊として伊勢からやってくる人物が所望している領地については承知したので、その者を急いで渡海させるように手配せよ、と述べている（『小浜文書』）。

ここから、海賊として武田方に加わろうとしている者がいること、その人物への給地について交渉がおこなわれ、その結果を信玄が了承していること、信玄自身は給地のことよりも急ぎ渡海させることに気が向いているらしいこと、などを知ることができる。

この渡海交渉は成功し、小浜景隆《かげたか》が実際に武田氏のもとへやってくることになった。翌一五七二（元亀三）年五月二二日付で信玄が景隆に直接あてた朱印状には、景隆が「海上之奉公」を勤めることを言上したことが明記されている。また一五七三年一〇月一日付で勝頼《かつより》が景隆に与えた文書には、武田氏からの給地が一覧にして示されているが、その合計は、三〇〇〇貫にも及んでいる（いずれも『小浜文書』）。これは譜代家老衆の城代クラスに与えられる給地の額で、新参者としては破格の額であるという（柴辻俊六同前）。

その小浜氏は、もとは志摩国の「島衆」などと呼ばれる海辺の小領主の一人であった。小浜氏の本貫地志摩の小浜（三重県鳥羽《とば》市）は、鳥羽浦の西岸に位置する小半島で、半島の一角にはかつて小浜城が存在した。小浜氏の側から駿河渡海の事情を記した史料は見当たらないが、このころの志摩の在地事情について記した九鬼《くき》氏の記録『九鬼家由来記』は、永禄のころ「七島といふ士七人」のうちの一人として小浜に民部左衛門《みんぶざえもん》という人物がいたこと、その後、九鬼嘉隆《よしたか》が織田信雄《のぶかつ》の威を借りて志摩の一統を図ろうとした時、志摩の島衆は神水を飲み一致して抵抗したがいずれも敗れて志摩を去り、他家に仕えたこと、などが記されている。

　武田氏から新たに与えられた三〇〇〇貫という給地の額には小浜景隆への期待の大きさが表れているが、その給地は、駿河国の西寄りを流れる中規模河川瀬戸《せと》川（焼津《やいづ》で駿河湾に流入）の流域に多く分布している。海岸に近い浜手のみならず、造船に欠かせない竹や木材の供給地としての山手も含まれていることなどが指摘されている（鴨川達夫「武田氏の海賊衆小浜景隆」）。

伊豆西岸での戦い

　そのような小浜氏を主体とする武田氏の水軍と北条氏の水軍との間で軍事的緊張が高まることも当然あった。とりわけ一五八〇～八一（天正八～九）年は、両家の水軍が最も活発に活動した時期である。一五八〇年四月には、小浜氏と、同じく武田氏の有力水軍であった向井氏が「伊豆浦」に出撃して北条方の梶原氏と戦い、郷村数ヵ所を襲撃し敵船を奪取した。

同年六〜八月には北条方水軍が反撃した。六月には小浜氏の本拠を攻め、八月には攻撃に安宅船《あたけぶね》を動員した。安宅船というのは、船体の上部全体を総矢倉《やぐら》造りにした戦国期最大の軍船である。翌八一（天正九）年になると再び武田方の小浜氏の動きが活発になり、四月には、小野田・向井・伊丹の諸氏とともに梶原氏の拠点である伊豆長浜城に近い久料津《くりようつ》（沼津市）へ攻め込んで凶徒数十人を打ち取り（『小浜文書』）、五月には、「駿州四海賊」（前記小浜・小野田・向井・伊丹の四氏を指すか）が山本氏の田古浦（田子浦）の屋敷に押し寄せた（『越前史料所収山本文書』）。さらに六月には、小浜氏は子浦《こうら》（南伊豆町）にも攻め込んでいる。

この時期武田氏は、一五八一年三月に徳川家康の攻勢によって遠江の高天神《たかてんじん》城を失うなど苦境に陥っていたが、海上においては北条氏に対して優勢な立場を維持していたようである。

九鬼氏と伊勢湾

なお、これまでは西国の海賊と東国の海賊を対比的にみてきたが、両地域の中間地帯に当たる伊勢湾にも有力な海上勢力が存在していたことが知られている。九鬼氏がそれである。

九鬼氏の本貫地といわれる紀州九鬼（三重県尾鷲《おわせ》市）は、熊野灘に面した紀伊国東端の地で、土地柄、熊野神社の影響力の強いところである。九鬼氏は、南北朝時代から志摩国の鳥羽浦（鳥羽市）に進出し、その周辺で勢力を伸ばしていたが、その力が強大化したのは、戦国期の嘉隆の時代である。嘉隆は九鬼氏の中では庶流の出身だったようだが、たくみに九鬼家の実権を握り、志摩国海辺部の有力領主へと成長した。当時志摩国は、「七島其外島衆」とか「志摩七人衆」など、さまざまな呼び方で呼ばれていた海辺の領主が割拠していたが、嘉隆は、信長の子で伊勢国の支配者となった北畠（織田）信雄の権威を借りて、島衆をあるいは屈服させ、あるいは追放して志摩一国を支配するに至った。

やがて信雄を通じて信長の配下となった嘉隆は、その水軍の一翼を担うようになった。伊勢長島《ながしま》一揆の討伐の際などにも力を発揮したが、最も大きな貢献をしたのは、一五七八（天正六）年のいわゆる第二次木津川口合戦の時である。この時嘉隆は、伊勢大湊《おおみなと》（三重県伊勢市）で建造した大船六艘を率いて大坂湾に出撃し、大坂本願寺に兵糧を入れようとした毛利方の水軍を打ち破った。

本能寺の変で信長が倒れ、後継者争いから一五八四（天正一二）年に小牧《こまき》・長久手《ながくて》の戦いが始まると、嘉隆は旧主ともいうべき信雄と手を切り、秀吉方にくみすることになった。秀吉方の水軍として伊勢湾沿岸各地に出陣し、多くの功績をあげた嘉隆は、合戦後に、新たに伊勢の地に一万石を与えられ、また同時に六〇〇〇石の蔵入地を預けられることになった。これによって嘉隆は、旧来の志摩の領地と南伊勢の一部を支配する豊臣大名として自立することになった。こののち嘉隆は、九州攻め、小田原攻め、そして朝鮮出兵などにおいて、豊臣水軍の主力として活動することになる(拙著『豊臣水軍興亡史』)

このような九鬼氏を海賊とみる向きもあるが、海賊を厳密にとらえようとする視点からは、それは正しくないだろう。史料上にもそのような記述は見当たらないし、通行料の徴収など、海賊特有の活動もみられないからである。九鬼氏は、鳥羽の港を拠点とし、伊勢湾を主たる舞台として活動した海の領主とみるべきだろう。海の領主としての活動の過程で、水軍力、とりわけすぐれた造船力を身につけ、それによって嘉隆の時代に至って強大化し、豊臣政権の水軍を担う大名にまで成長したと考えることができる。

3　海賊からみる西と東

「海賊」の比較

1、2節では、瀬戸内海の村上氏や、東国の北条氏配下の梶原氏、武田氏配下の小浜氏などを例として西国と東国の海賊についてみてきた。そのことをふまえて、西国と東国の海賊の比較をしてみよう。まず注目しなければならないのは、海賊という言葉のニュアンスが、西国と東国ではかなり違うことである。一言でいうと、西国には海賊という言葉に賊的ニュアンスが色濃く残っているが、東国にはそれがほとんどないのである。

西国、とりわけ瀬戸内海では海賊は、海の民の生業の一つである。生業といってもいろいろあるが、最も重要なのは、通行料の徴収ではないかということは、これまでにもたびたび述べてきたところである。序章でも触れたように、通行料とは、船舶が海賊のテリトリーを航行する場合、それに接近してなにがしかの銭貨を得ることであった。瀬戸内海の海賊の最も原初的な姿は、この通行料の徴収をこととする海の民の中にあるというのが私の基本的な考え方である。

通行料の徴収は海賊にとっては正当な経済行為だったが、航行する船舶の側からすれば、何の標識もない海域を通過していて銭貨を要求されるのだから略奪とみなされることも多かった。したがって海賊という言葉にも、賊的ニュアンスが色濃くつきまとうことになる。そしてそのようなニュアンスは、海賊の活動のあり方が変わり、水軍的活動が中心になってからもなかなか抜けなかったのだ。

賊的ニュアンスのない東国の「海賊」

それに対して、そのような賊的ニュアンスがかなり早い時期に消えてしまうのが東国の海賊である。

東国では、海賊とは、水軍そのものを指す場合が多かった。たとえば武田氏が家臣に与えた文書の中には、「海賊の儀」を仰せ付けるという文言がみられ、また「海賊の奉公」を勤めることを賞賛したりしている。今川氏では、大名の指示に従って海上軍事行動に従事する船を「海賊船」と呼んだ。海賊とは、戦国大名が特定の海上勢力に命じる役割だったのだ。「海賊の奉公」という言葉からすると、海賊とは海上活動によって戦国大名に「奉公」する勢力、すなわち水軍そのものということになる。そこには、瀬戸内海でみられるような賊的ニュアンスはほとんどないといってよい。

東国の海賊に賊的ニュアンスがほとんどないことは、もっぱら瀬戸内の海賊について研究してきた者としてはいささか奇異な感じがするが、これについては『北条五代記』(巻九)に、次のような有名な話が記されている。

ある人が、「いくさ舟の侍衆」を海賊の者と言ったので、そこにいた侍がこの言葉を聞きとがめて、「むかしより山賊海賊というのは、山で盗みをなし、舟にて盗みをするからこう名付けたのである。文字の読み方もそうなっている。侍たるものが盗みをすることがあろうか。それを海賊などというのは言語道断のけしからぬことである。そのようなことを言うのは、物をも知らぬ木石である」と怒った。それを聞いて先ほどの者は、「我は文盲ゆえ文字の読み方も知らない。それでは、舟乗りの侍を何と呼ぶのか教えてください」といったので、この侍は返答につまって無言になった。文字だけを見れば侍がとがめるのも理由がある。一方、昔から海賊と俗にいい伝えているから、この言い方にも理由がある。今この言葉について考えてみると……

「いくさ舟の侍衆」、すなわち水軍を海賊と呼ぶ者がいたのを、ある侍が聞き咎めて「舟にて盗みをする」者が海賊であって、「いくさ舟の侍衆」を海賊と呼ぶとは何事かと怒り、そこから海賊の語源論議が始まったわけだが、このように、戦国時代が終わった直後の東国人の中にも、水軍武将を海賊と呼ぶことに違和感を覚える者がいたらしい。

このような西国と東国での海賊のニュアンスに相違が生まれたのはなぜだろうか。それでは戦国大名の水軍の海賊の成り立ちに関係しているように思われる。西国、特に瀬戸内海は、（生業としての）海賊活動をおこなっている海上勢力が戦国大名の水軍として取り込まれたが、東国の北条氏や武田氏の場合、伊勢・志摩・紀伊など他国から海上勢力を招致して水軍を編成することが多かった。これらの海上勢力は故国にいたころには西国でいう「海賊」活動をおこなっていた可能性があるが（そのような記録も記憶もすでに失われてしまっていて実態はよくわからないが）、故国を離れて東国へやってきた時点で「海賊」活動の場を失い、またそのような活動の必要もなくなり、戦国大名のために「海賊の奉公」をする水軍に特化していった。それにともなって、海を活動の舞台とする者としての「海賊」という言葉は残ったが、そこからは賊的ニュアンスが抜け落ちていったものと思われる。

船戦の「作法」

西国の海賊と東国の海賊の相違点は、彼らがさまざまな名目のもとで航行する船舶から徴収した役銭の名称やその徴収方法にもみられるが、より興味深いのは海上での戦い方である。

北条氏配下の海賊衆山本氏の活動を伝える史料には、敵船を陸地へ追い上げるという戦法がしばしば記述されている。一五六九（永禄一二）年ごろに里見水軍と戦った際に北条氏康から与えられた感状にみられる「敵船と出会い、勝利を得、風津（富津《ふっつ》）浦へ追い上げる由」（『越前史料所収山本文書』）という文言、一五七七（天正五）年に同じく里見水軍と戦った際に北条氏規《うじのり》から与えられた感状にみられる「このたび佐貫《さぬき》前において房州海賊と懸合、佐貫浜陸地へ押し上げ」（『同』）という文言などがそれである。どうやら北条水軍は、海戦で敵船を陸に追い上げるのを得意の戦法としたらしい。

また、上杉氏系の軍記『管窺武鑑《かんきぶかん》』（巻三）が、三崎での北条氏と里見氏の船軍について述べる中で、奪取した船数は里見軍のほうが多かったが、敵船を陸地へ追い上げるのが船軍の「作法」だから、里見軍の勝利とはいえないと記しているのをみると、この戦法が単に北条氏の戦法ではなく、広く東国の海賊の「作法」と認識されていたことがわかる。

これに対して西国の海賊の特色ある戦法としては、毛利水軍の中で重要な役割を果たした村上氏の、炮録火矢《ほうろくひや》を使った焼打ち戦術がよく知られている。先にも能島・因島村上氏に関して触れたように、一五七六（天正四）年七月に、大坂本願寺へ兵糧を運び込もうとする毛利水軍と、それを阻止しようとする織田水軍が大坂湾で衝突した。この第一次木津川口合戦の状況について記した毛利方武将の注進状は、織田方の大船やそれを取り巻く軍船をことごとく「焼き崩した」と報じている（『毛利家文書』）。一方、織田方の記録である『信長公記《しんちょうこうき》』は、毛利方は海上において「ほうろく火矢などという物をこしらえ、御身方の舟を取り籠め、投げ入れ、投げ入れ、焼き崩し」と、より詳細に記している。

炮録とは、塩硝《えんしょう》・硫黄《いおう》・炭などを混合して作った火薬を丸めた、一種の爆弾である。村上氏をはじめとする海賊衆は、軍船を駆使して巧みに敵船に接近し、炮録を投げ込んで焼打ち攻撃をするのが得意とする戦法であったらしい。

4　海賊たちの転身

海賊禁止令

豊臣秀吉による統一政権の成立は、各地の海賊のあり方にも大きな影響を与えた。本能寺の変後、信長の後継者の地位を確立した秀吉は、一五八五（天正一三）年には四国を、次いで八七年には九州を平定して瀬戸内海を支配下に入れ、八八年には、海賊禁止令（海賊停止令《ちょうじれい》とも）を出した。さらに九〇年には、関東の北条氏を屈服させ、東北の諸大名をも服属させて全国統一を成し遂げた。このような大きな時代の移り変わりの中で、戦国期の瀬戸内海や関東で活動した海賊衆はどのような生き方をすることになったのか、その後の動きを追っていこう。

瀬戸内の海賊衆のうち、早くから毛利氏との結びつきを強めていた因島村上氏は、そのまま毛利氏の家臣団の中に残った。来島村上氏も、一五八二（天正一〇）年の織田信長による毛利攻めの際に前線司令官であった秀吉の誘いを受けて織田方に走ったために、四国平定後には伊予で一万四〇〇〇石を与えられるなど、豊臣大名化を遂げることに成功した。

来島村上氏とは対照的に、信長の毛利攻めの際に秀吉の誘いに応じなかった能島村上氏は苦難の道を歩まねばならなかった。長く友好関係を維持してきた伊予の大名河野氏が四国平定後に領主の地位を追われ、短期間の小早川隆景の支配をへて、一五八七年に秀吉子飼いの福島正則《ふくしままさのり》や戸田勝隆《とだかつたか》が伊予に入ると、能島村上氏の伊予での居場所はなくなった。さらにそれに追い討ちをかけたのが、海賊禁止令である。それは、一五八八（天正一六）年七月八日付秀吉朱印状の形で出された三ヵ条の内容を持つ法令であった（『早稲田大学所蔵文書』など）。

第一条は「海上賊船の儀」を堅く停止しているにもかかわらず、今度備後・伊予両国境の「伊津喜島」（広島県呉市豊浜町の斎島《いつきしま》か。ただし同島は、備後と伊予ではなく、安芸と伊予の境界近くに位置する）で「盗船」行為をする輩がいることを伝え、それを「曲事《くせごと》」であると断罪したもの。第二条は、海民の調査をおこなうことで海賊行為を封じ込めようとしたもので、各地の領主が海民から誓紙を取って差し出すことを求めている。第三条は、海賊行為への処罰規定で、「海賊の輩」はもとより、それを生み出した領主の責任をも問おうとするきわめてきびしい処罰規定が示されている。[2]

豊臣政権への屈伏

第一条に、「堅く停止しているにもかかわらず、今度」という文言があることからもわかるように、この法令は初令ではなく再令であったらしい。つまり、初令が出された後にそれに違反した賊船行為があり、それを断罪しつつ趣旨の徹底を図るために一五八八（天正一六）年の法令が改めて出されたと考えられる。残念ながら初令の条文そのものは残されていないので、前後の状況から推測するしかなく、また発布された年次についても一五八六年、一五八七年、一五八八年などの諸説がある。

また、初令は個別法令の形をとるものではなく、豊臣政権への服属にともなう自立性の否定そのものを指すのではないかとする意見（中野等「いわゆる『海賊停止令』の意義について」）や、第一条の「堅く停止しているにもかかわらず、今度」という文言は、代々の武家政権が発令してきたように豊臣政権も今度、という意味にも解釈できるので、初令は存在しないという意見もある（黒嶋敏『海の武士団』）。

いずれにしても、第一条において、先に賊船行為を禁止したにもかかわらず伊予・備後の境なる「伊津喜島」で「盗船」をした者がいるとして糾弾された対象は、能島村上氏であった可能性が高い。前年の一五八七（天正一五）年九月八日付で秀吉から小早川隆景にあてて、能島村上氏に関連してきびしい内容の朱印状が発せられているからである（『屋代島村上文書』）。そこにはほぼ以下のようなことが記されている。「能島が海賊行為をしているという情報を聞いたが、それは言語道断のことである。本来なら当方で成敗するところだが、小早川の配下であるから、隆景に処分を任せる。もし言い分があれば村上元吉を大坂へ上らせよ」。文言の端々から海賊行為に対する豊臣政権のきびしい姿勢を読み取ることができる。この朱印状はまさに秀吉から能島村上氏への詰問状といってよいだろう。

この朱印状が出された年代や背景については、海賊禁止令初令の発布時期とも関連してこれまで多くの議論が繰り返されてきたが、初令に違反した能島の行為を処断するために一五八七（天正一五）年に出されたとする藤田達生氏の理解が最も当を得ているのではないだろうか（「海賊禁止令の成立過程」）。同氏の成果に依拠しながら、事態の推移を整理してみると、ほぼ以下のようなことになるだろう（史料はいずれも『屋代島村上文書』）。

最初に政権側から海賊行為について指摘があったのは、七月初めごろで、能島側は証拠がないとこれを突っぱねた。すると政権側が態度を硬化させ、七月二七日には増田長《ました なが》盛《もり》、戸田勝隆の連名で、証拠があがれば、当事者の成敗だけではすまず、そちらの身にも「迷惑」が及ぶぞ、という恫喝《どうかつ》ともとれる書状が出されている。

その後もたびたび書状のやり取りがおこなわれ、増田や戸田には何とか秀吉の耳に入れないで穏便にすまそうとする姿勢もみられたが、結局秀吉の知るところとなり、先の詰問状とそれに続く海賊禁止令（再令）の発布に至ったものと思われる。

この一連の出来事は、能島の海賊衆が豊臣政権に屈服していく過程であった。二度にわたって発布された海賊禁止令は、もはや瀬戸内海が海賊衆にとっては自由に活動できる場所ではないことをはっきりさせた。水軍力を駆使した活動を展開する余地がなくなったばかりでなく、関役・上乗りなどによる経済的特権も次第に奪われていくことになる。

なお、一五八七年に出されたらしい初令の影響を受けたのは、能島村上氏だけではなかった。深堀氏は、長崎半島西岸に位置する肥前国深堀（長崎市）を拠点とする海上勢力だが、その当主深堀純賢《すみまさ》の処遇について、同年六月一五日付で浅野《あさの》長吉《ながよし》（のちの長政《ながまさ》）・戸田勝隆あてに秀吉朱印状が出されている。そこには次のようなことが記されている。「諸国において海賊・盗賊をなくすように仰せ付けたにもかかわらず、肥前国高来《たかき》郡の深堀氏は『海端』を拠点にして、大唐・南蛮ならびに諸商売船に妨げをなしているとの報告があった。そこで、深堀氏から人質を取ってその屋敷を破却せよ。今後『無道』をなすようであれば、成敗を加えることを主である龍造寺《りゅうぞうじ》氏によくよく申し聞かせよ」（『深堀家文書』）

ここにみられるのは、先に能島村上氏の処遇について小早川隆景のところに詰問状が出されたのとほぼ同じ状況である。異なるのは、深堀氏の場合、問題とされているのが中国・南蛮との貿易船への妨害行為であった点である。これをみると秀吉が海賊禁止令で目指していたのが、瀬戸内海のみならず長崎近海を含めた広い海域での海上交通の安全確保であったことがよくわかる。

海賊禁止令以後、能島村上氏は、瀬戸内海そのものから離れなければならなくなり、小早川隆景の支配地であった北九州の冠《かむり》（福岡県前原町加布里《かふり》）、毛利氏の領国であった長門国の加原《かはら》（山口県長門市河原）・壁《へき》（同日置《へき》）などを転々とした。そして、一五九八（慶長三）年、秀吉が死去した後にやっと瀬戸内の安芸国竹原（広島県竹原市）へ帰ってきた。この過程で能島村上氏は、毛利氏の家臣団の中に入ったものと思われる。

家康に取り込まれた武田の海賊

一方、北条氏や武田氏の配下にあった東国の海賊の場合はどうだったのか。北条氏の水軍力を担った有力海賊のうち山本氏は、伊豆半島西岸の田子《たご》城を本拠とした伊豆生え抜きの海賊であったが、北条氏の滅亡後の動向は定かでない。山本氏と肩を並べた梶原氏は、紀伊国から招かれた外来の海賊であったが、北条氏の滅亡後は故国紀伊へ帰った。梶原氏の出身地である紀伊半島西岸の有田郡広村は、湯浅湾に面した良港の地だが、帰国後の梶原氏は土地の郷士として過ごし、海上に乗り出すことはなかったらしい。梶原氏は帰国に当たって北条氏に仕えた時期の家伝文書をそのまま持ち帰ったようで、江戸期に和歌山藩がまとめた地誌『紀伊続風土記』（附録）には、それらの家伝文書が写し取られ、梶原氏の伊豆での活動を伝える貴重な史料となっている。

その中には、秀吉によって高野山に流罪とされた北条氏直《うじなお》が梶原景宗《かげむね》にあてた書状も含まれている。これは、まもなく大坂の城下に移ることを伝え、鯖五〇匹を送ってもらったことに礼を述べたものだが、おそらく紀伊へ帰った景宗が旧主を見舞ったことへの返信だろう。

このように北条氏配下の海賊が再び海に出ることがなかったのに対して、同じ東国で滅んだ大名配下の海賊でも武田氏に仕えた海賊は、新しい活躍の場を得ることができた。かつての敵であった徳川家康が水軍力の必要性を痛感し、武田家旧臣の海賊を自軍に取り込んだからである。武田水軍の主力であった小浜景隆は志摩国出身の海賊であったが、その小浜氏には、武田勝頼滅亡からほどない一五八三（天正一一）年正月に早くも家康から声がかかっている（『寛永諸家系図伝』）。しかし、一方では、故国志摩や伊勢の領主であった織田信雄からも声がかかっているので、しばらくは流動的だったようだが、一五九〇（天正一八）年の小田原《おだわら》攻めの時には「家康海賊衆」として間宮氏とともに小田原沖に攻め寄せているのが確認できる（『榊原家所蔵文書』）。

徳川家の水軍としてより重要な役割を果たしたのは、向井氏である。伊賀《いが》国を本貫地とする向井氏は、一時今川氏に仕えたあと武田信玄に迎えられ、小浜景隆とともに北条氏に対抗する活動を展開したが、武田氏滅亡後、小浜氏同様早い時期に家康から声をかけられている。一五八二（天正一〇）年一〇月には、武田水軍として高名であった向井政綱《まさつな》の取り込みに成功したことを、家康が「喜悦」しているのを確認することができる（『譜牒余録』）。

こうして徳川水軍の一翼を担うことになった向井氏は、小牧・長久手の戦いでは伊勢湾で、小田原攻めに際しては伊豆西岸で戦功をあげている。北条氏が滅亡して家康の江戸入部がおこなわれると、家康は、江戸湾防備のため、江戸湾各所に水軍基地を置いたが、そのうち三崎（神奈川県三浦市）には小浜景隆、向井政綱、間宮高則《たかのり》、千賀重親《しげちか》が配されて三崎四人衆と呼ばれた。このうち小浜氏は、のちに大坂警固の船手衆《ふなてしゅう》として転出し、千賀氏は故国尾張《おわり》に帰って尾張徳川家に仕えることになり、最終的には、向井政綱の子忠勝《ただかつ》が船手頭となって幕府水軍を率いることになった(鈴木かほる『史料が語る向井水軍とその周辺』)。

関ケ原合戦へのかかわり

秀吉の全国統一やそれにともなう海賊禁止令の発布が海賊の行く末を左右する第一段階であったとすれば、第二段階はやはり関ヶ原合戦である。特に、瀬戸内の海賊においてその感が強い。来島村上氏は豊臣船手衆の主要メンバーとして朝鮮出兵に動員され、文禄の役では一族の得居《とくい》通幸《みちゆき》を、慶長の役では当主の通総を失ったが、通総の子康親《やすちか》の時に関ヶ原合戦に直面することになった。

来島村上氏は西軍にくみしたが、そのかかわり方はそれほど深いものではなかった。来島家の記録によると、関ヶ原合戦に連動して毛利氏が東軍の加藤嘉明《かとうよしあき》の居城伊予松前《まさき》城(愛媛県松前町)を攻めて敗れた際、来島家は毛利軍の主力であった能島の村上武吉の依頼を受けて毛利軍の撤退に協力したらしい。戦後、そのことを加藤家から責められたが、大事には至らなかった。

また当主康親はそのころ大坂にいて、大坂方として「川口の御番」に当たったという。おそらく軍船を率いて淀川河口の警備の任についたのだろう。大坂方というのだから西軍に属したことは間違いなさそうだが、そのかかわり方は軽微といえる。このように来島家の本家は西軍方といってもそのかかわり方はきわめて消極的なものであったが、一族の中には別行動を取った者がいた。康親の叔父に当たる彦右衛門義清《ひこえもんよしきよ》である。

西軍方として積極的に軍事行動に加わった彦右衛門は、能島村上一族の村上景広《かげひろ》らとともに、軍船で大坂から紀伊半島を回って伊勢湾を目指した。途中、志摩半島沿岸で東軍に属していた九鬼守隆《もりたか》の拠点を攻撃したあと、志摩半島北岸の鳥羽城に向かった。鳥羽城は九鬼氏の本拠で、当時子の守隆と敵対して西軍方についた嘉隆が城を奪取していた。彦右衛門は、その鳥羽城で嘉隆と面会し、ともに対岸の知多《ちた》半島の東軍方の拠点を攻撃したりした（『村上彦右衛門義清働之覚』）。

関ヶ原合戦が東軍方の勝利に終わると、このような彦右衛門の行動は来島家にとって大きな重荷となった。皮肉なことに彦右衛門自身はこのあと福島正則に仕えて身の安泰を得たが、康親の率いる来島本家は家の存続を図るためにいばらの道を歩まねばならなかった。康親にとって幸運だったのは、東軍で大きな戦功を上げた福島正則が妻の伯父であり、養父でもあったことである。福島正則の保護の下で、本多正信《ほんだまさのぶ》と接触することに成功し、かろうじて豊後国内で一万四〇〇〇石を下されることになった。

ただ、新しい封地である玖珠《くす》郡森《もり》(大分県玖珠町)の地は、別府《べっぷ》から直線距離で約三〇キロメートルも内陸に入ったところで、瀬戸内海はもとより海そのものからも遠く離れた山間の領地であった。こうしてかつての海賊衆来島村上氏の末裔は完全に海とのつながりを絶たれ、これ以後、参勤交代の時などを除いて海を舞台にして活動することはなくなった。

こののち名乗りをも「(来島)村上」から「久留島《くるしま》」へと改めることになったが、これは、この一族なりの瀬戸内からの決別の意思表示なのかもしれない。

分散する家臣

一方、能島村上氏にとっては、関ヶ原合戦は二つの点で大きなダメージとなった。一つは当主元吉が戦死したことである。ただその戦場は、関ヶ原ではなく、そこから遠く離れた伊予の三津《みつ》(愛媛県松山市)であった。それは、先に来島村上氏に関連して述べたように、毛利氏による伊予松前城攻撃に能島村上氏が加わったからである。元吉は、毛利軍の一員として伊予国三津に渡り、松前城に拠る加藤嘉明の留守部隊に城の明け渡しを求めたが、加藤軍の夜襲を受け、その戦いの最中に討死した。

能島村上氏が関ヶ原合戦で蒙ったもう一つのダメージは、戦後の領地削減である。東西両軍の戦いにおいて西軍の総大将の地位にあった毛利輝元は、敗戦後に多くの領地を失って防長二国三六万石余に封じ込まれることになったが、その余波は、当然ながら家臣にも及んできた。このころ毛利氏の家臣団の一員になっていた能島家も大幅な領地削減を受けて家臣の再編を余儀なくされ、この時期に多くの一族や家臣が同家を離れた。そのうちの一人に前当主武吉のいとこに当たる、備中笠岡の領主村上景広《かげひろ》がいる。景広は、一六〇一（慶長六）年に毛利家臣団を離れ、当然能島本家の武吉との縁も切れることになった。

景広の新しい出仕先は、豊前中津《なかつ》城主細川忠興《ただおき》であった。細川忠興は、もとは豊臣系の大名であったが、関ヶ原合戦の時には東軍の先鋒として活躍し、戦後には豊前・豊後に三九万石を与えられて中津城（大分県中津市）に入城した。領地が大幅に削減された毛利氏とは対照的に一挙に大大名に成長した細川氏は、急遽それにふさわしい家臣団を整える必要があり、各地からめぼしい武将たちを集めていたらしい。景広もそのような細川氏の招きに応じたのだろう。細川家中における景広の地位は高く、一万石を給されていたというう。おそらく能島村上氏の一族として活躍してきた景広の実績が、新興大名細川氏に高く評価されたものと思われる。

能島家の一族から細川家の家臣に転身した村上景広に対し、来島家の一族から近世大名のもとへ転身した人物として前記の村上彦右衛門義清がいる（拙稿「一族義清の転身」）。前当主通総の弟である義清は、一時、来島家を飛び出して当時豊前中津城主として豊臣政権下で大きな位置を占めていた黒田長政《くろだながまさ》に仕えたことがある（前記細川氏は、黒田氏の後に中津城に入った）。義清は長政のもとで文禄の役に従軍し、臨津江《イムジンガン》や平壌《ピョンヤン》の戦いで手柄を立てたが、慶長の役の折には来島家に戻り、兄通総とともに出陣している。鳴梁《ミョンリャン》の海戦で通総が戦死すると、若い当主康親の後見的立場となり、関ケ原合戦では、前記のように西軍の水軍として伊勢湾等で活動した。戦後は一時苦境に陥ったが、康親の妻の養父が福島正則であった縁で、福島家に拾われた。福島家では二七〇〇石取りであったというから大身《たいしん》である。その後福島正則が広島城の無断修復をとがめられて改易《かいえき》されると、紀州の徳川頼宣《よりのぶ》に仕えることになった。ここでも四二二〇石取りの扱いであった。

これをみると義清は、実家である来島家を出た後、黒田長政→来島家への復帰→福島正則→紀州徳川家と次々と出仕先を変えたことになる。このような義清の姿の中に、中世から近世への移行期を生きた「渡り歩く海賊」の姿をみることができるだろう。

近世社会の中の元海賊

能島家の景広、来島家の彦右衛門義清ほどの大物ではないが、他にも新しい仕官先を求めて転身していった元海賊衆は数多くみられる。来島家の重臣村上吉継《よしつぐ》の孫である景房《かげふさ》は、関ヶ原合戦後、毛利氏の家中にいたが、その後、豊前中津の細川忠興のもとに移り、さらに一時的に毛利家に戻った後、今度は、紀州徳川家に仕えていた義清の世話で同家に仕官した。吉継と同じく来島家の重臣であった村上吉郷《よしさと》の子孫も、事情は定かでないが、豊前から肥後《ひご》熊本《くまもと》に移った細川家に仕えた。これらはいずれも、かつての海賊時代に培《つちか》った水軍力が新たに藩体制を整えようとする新興大名に高く買われた結果といえよう。

一方能島家の武吉は、後継者元吉を失ったあと、孫の道祖次郎《どうそじろう》を養育して跡を継がせた。武吉は、毛利氏が安芸国を失ったために竹原を退去せざるを得なくなり、道祖次郎をともなって各地を転々としたあと、最終的には周防大島（屋代島。山口県周防大島町）に落ち着いた。武吉は、領地削減のあおりを受けて家臣団が混乱するさまを見ながら、一六〇四（慶長九）年に死去したが、その後も能島家と海とのかかわりは途絶えることはなかった。近世毛利藩が能島家の水軍力を必要としたからである。

武吉が養育した孫道祖次郎は、武吉の死後輝元から一字をもらって元武《もとたけ》と名乗り、毛利家臣団の中での地歩を固めていった。一六一八（元和四）年には、御船手組頭役を命じられて三田尻《みたじり》（山口県防府《ほうふ》市）に拠点をかまえることになった。現在も三田尻の町の一角に御《お》舟蔵《ふなぐら》跡が残されているが、ここが毛利藩船手衆としての村上氏の活動拠点であった。ここには藩主の乗る御座船《ござぶね》や藩の軍船が常備され、藩主の参勤交代や朝鮮通信使来朝のおりなどに出船して勤めを果たした。

こうしてみると、幕藩制社会初期の海上軍事体制の主要な部分を支えていたのが、かつての東西の海賊衆の末裔であったことがよくわかる。幕府の江戸湾防備の重責を担った、旧武田海賊の流れをくむ向井氏や小浜氏、紀州徳川家の船手を支えた来島家の一族彦右衛門義清や同じ来島家の家臣の子孫たち、西国の毛利氏においては、能島家の武吉の後継者たち、九州の細川家においては、能島家一族の村上景広や来島家家臣の子孫たち。

近世社会にあっても近世社会なりに海とのかかわりが必要とされ、その関連で一定の海上勢力の存在が求められたということであろう。

終章　海賊の時代

1　海賊像の変遷

多様な海賊像

第一章〜第四章では、歴史上に大きな足跡を残した比較的著名な海賊を取り上げてきた。もとより日本の海賊はそれらに尽きるものではなく、史料上に断片的に姿を現すだけの海賊も数多く存在する。最後に、それらも含めて、海賊の時代全体を振り返ってみることにする。まず、時代の移り変わりの中で海賊像がどのように変化したかをたどり、次に海賊が、その時代が終わったあと日本の社会に何を残したのか、などについて考えてみたい。

これまで多様な海賊の姿をみてきたが、それらはいくつかのタイプにまとめることができるのではないかと思う。第一のタイプは、さまざまな目的で船旅をする人、年貢や商品の海上輸送に携わる人を襲って金品を奪う者としての海賊である。いわば略奪者としての海賊である。多くの人が「海賊」という言葉を聞いて思い浮かべるのは、このような姿だろう。そのような意味では最もポピュラーな海賊のイメージと言える。

その代表例は、序章で取り上げた、東福寺僧梅霖守龍の船を襲った備前国日比《ひび》の海賊や安芸国竹原の海賊である。日比の海賊は船頭との交渉が決裂して交戦に及んだが、船頭らに撃退されて引き返していった。竹原の海賊は、船頭との間で夜を徹して「問答」を続け、「過分の礼銭」を得て去っていった。

これらの海賊は、比較的狭い範囲で活動する小規模な海賊であった。海賊に襲われても、旅人たちが何らかの方法で隣の島や浦に逃げ込むことができれば、そこはもう海賊の縄張りからははずれた安全な場所になる。このような点からすれば略奪者としての海賊は、特定の限られた浦々を縄張りとする小規模な土着の海賊であったと言えるだろう。

海上を旅する人々に接近して金品を要求する者を海賊と呼ぶ場合がある一方、荘園領主や国家権力に抵抗する者を海賊と呼ぶ場合があった。これが海賊の第二のタイプである。たとえば瀬戸内海の島の荘園を「押領《おうりよう》」した勢力が海賊と呼ばれた例がある。これは、荘園領主に反抗した者、荘園の秩序を乱した者が荘園領主から悪党と呼ばれたのとほぼ同じ用法と言える。反抗の対象は、荘園領主にとどまらず時の政治権力に及ぶ場合もある。それが最も大規模な形で政治問題化したのが、第一章で取り上げた藤原純友の場合である。

これら第二のタイプの海賊は、第一のタイプのように行為そのものによって海賊と呼ばれたのではなく、荘園領主や国家権力などとの関係によって海賊と呼ばれたところに特徴がある。その意味で、きわめて政治的意味合いの強い海賊であると言えるだろう。

第三のタイプは、航海の安全を保障する者としての海賊である。序章で述べた、室町時代の朝鮮使節宋希璟《ソンヒギョン》の体験談に記された海賊などが相当するだろう。それによると、瀬戸内海には東西の海賊があって東より来る船は東賊一人を乗せておれば西賊が害せず、西より来る船は西賊一人を乗せておれば東賊が害することはないという海賊相互間のシステムが出来上がっていたという。また同じく序章で紹介した、戦国期の能島村上氏が一族の者を上乗りさせることによって船舶を警固したシステムなども同様のものとみることができる。

第四のタイプは、時の権力とかかわりを持つ水軍としての海賊である。第三章でみた、懐良親王に協力する熊野海賊、第四章でみた、戦国期の瀬戸内海で活動した村上一族や、江戸湾などの東国の海上において北条氏や武田氏に水軍力を提供した梶原氏や小浜氏がこれに相当しよう。

このように海賊には、少なくとも四つのタイプがある。すなわち略奪者としての海賊＝土着的海賊、権力への敵対者としての海賊＝政治的海賊、安全保障者としての海賊、水軍としての海賊である。そして、これらの各タイプの海賊は、互いに密接な関係を持ちながら存在していた。図20はその相互関係を図示したものである。ここに示されているように、土着的海賊と安全保障者としての海賊はともに、海上交通を中心とした一般社会とのかかわりによって登場する海賊で、一般社会からマイナスイメージでとらえられるのが土着的海賊、プラスイメージでとらえられるのが安全保障者としての海賊ということになる。一方、権力との関係によってとらえられるのが政治的海賊と水軍としての海賊で、権力との距離が遠く、権力からマイナスイメージでとらえられるのが政治的海賊、プラスイメージでとらえられるのが水軍としての海賊ということになるだろう。

	海上交通との関係	権力との関係
マイナスイメージ	土着的海賊	政治的海賊
プラスイメージ	安全保障者としての海賊	水軍としての海賊

図20　海賊の四タイプの相互関係

海上交通とのかかわり

言うまでもなく、四つのどのタイプの海賊像も歴史的に形成されたものであり、時間とともに推移していった。その歴史的変遷の過程をみるために、史料上に登場する海賊の語をタイプ別に分類し、世紀別に整理したのが表1である（ただし史料は瀬戸内海関係のものを中心とする）。実際には、史料上のすべての海賊の語を四つのタイプのいずれかに分類するのは容易ではなく、一つ一つの事例の判断の当否については批判を仰がねばならないが、それでも表1から海賊の歴史的変遷について大まかな見通しを得ることはできるだろう[1]。

表1をみて最初に気づくのは、土着的海賊や政治的海賊が古代から存在するのに対して、安全保障者としての海賊、水軍としての海賊が、中世後期になってから登場する新しいタイプの海賊であるという点である。図20の分類から言えば、土着的海賊や政治的海賊は、海上交通関係者や権力からマイナスイメージでとらえられる海賊であり、安全保障者としての海賊や水軍としての海賊は、プラスイメージでとらえられる海賊だから、古くはもっぱらマイナスイメージでとらえられていた海賊が、中世後期以後になるとプラスイメージでとらえられる場合も出てくるということになるだろう。また、図20のタテの関係でみると、海上交通とのかかわりではそれまで略奪者とみられていた土着的海賊の中から安全保障者としての海賊が生まれ、権力とのかかわりでは、権力に敵対する存在であった政治的海賊のほかに新たに権力に軍事力を提供する水軍としての海賊が生まれたという図式を描くことができる。

それでは、「土着的海賊」→「安全保障者としての海賊」、「政治的海賊」→「水軍としての海賊」というような変化はどのような歴史的背景の中で起こったのだろうか。

まず、前者の関係について考えてみたい。表1からもわかるように、土着的タイプ

世紀	土着的海賊	政治的海賊	安全保障者としての海賊	水軍としての海賊	その他	不明
9		7				
10	1	15				
11	2					
12	4	4				
13	5	1				4
14	6	9		1		10
15	6	7	1	6	3	
16	8	1	3	2	1	2

表1　「海賊」語の世紀別出現数

注　史料は瀬戸内海地域を中心に収集した。藤原純友の乱のように関連する史料が数多くあるものについては代表的なものをひとつだけ取り上げた。海賊という語は使われていなくても海賊行為を指しているような史料もかなりあるが、それらは取り上げなかった。年代については、古文書の場合は発給日、記録の場合は記事の日付、物語・編纂物の場合は成立時期を取った。

の、略奪によって海上交通関係者をおびやかす海賊の存在は、どの時代にもみることができる。しかし、そのような状況は、船舶で海上を往来する旅人や海運業者にとってはすこぶる都合の悪いものであったから、彼らはたえず安全な航行ができるような方法を求めていたと考えられる。

一方、中世後期になると、小規模な浦々の海賊を支配下に入れて、瀬戸内の広範囲な海域を縄張りとする海賊がみられるようになる。芸予諸島を本拠にして最盛期には防予諸島から塩飽諸島に至る海域を支配した能島村上氏などは、そのような有力海賊の代表例ということができるだろう。このような、旅をする人々の航海の安全を求める欲求と、他方における広範囲な海域を支配する有力海賊の成立を背景にして出来上がっていったのが、序章で述べた上乗りというシステムだろう。それによって、旅人や運輸業者は、浦々の海賊に通行料を支払う代わりに、上乗りとして乗り込んできた有力海賊に警固料を支払うことになった。それによって旅人や運輸業者は航海の安全を手に入れ、海賊のほうは従来の略奪者というイメージとは別に、安全を保障する者という評価も獲得していくことになった。

権力との関係

一五世紀になると水軍としての海賊の事例が数多くみられるから、「政治的海賊」→「水軍としての海賊」という変化が起こっているとみることができる。このような変化は、どのようにして生じてきたのだろうか。

この変化には、鎌倉幕府と室町幕府の海賊に対する姿勢が大きく相違していたことが関係している。鎌倉幕府法、室町幕府法にみられる海賊関係の記述を集めてみると、鎌倉幕府法では、海賊は追伐の対象として頻出するのに対して、室町幕府法ではそのような例はごく初期に数例がみられるのみである。

鎌倉幕府の海賊に対するきびしい禁圧姿勢についてはすでに網野善彦によって明らかにされている（「鎌倉幕府の海賊禁圧について」）。そこでも触れられているように、鎌倉幕府の海賊観の特色は、御成敗式目《ごせいばいしきもく》第三条や第十一条に定められているように「謀叛殺害ならびに山賊、海賊、夜討、強盗」をあわせて重罪の者とする見方である。このパターン化された文言が、これ以後、繰り返し鎌倉幕府の追加法で布告されていく。そこでは、土着的海賊や政治的海賊など、海賊の実態はまったく顧慮されていない。実態のいかんにかかわらず海賊という言葉が冠せられれば、夜討・強盗と同じというのが鎌倉幕府の考え方であった。

それに対して、室町幕府法から海賊追伐の文言が次第に姿を消していくのはなぜだろうか。明確な答えを出すことはできないが、一四世紀が海賊のイメージの大きな変わり目であったことは間違いないだろう（網野善彦「悪党と海賊」）。またこの時期は、権力の側がさまざまな必要から、従来敵対的とみなしていた海賊を自己の側へ取り込む試みを始めた時期でもある。

そのような試みを最初に始めた権力は、荘園領主であった。東寺領弓削島《ゆげじま》庄では、一三四九（貞和五）年に、小早川一族による土地押領の実態を調査するために幕府の使者が現地入りしたが、その警固に当たったのは「野嶋」の勢力であった（『東寺百合文書』よ函）。これはのちに芸予諸島の有力海賊として知られるようになった能島村上氏のことと考えられるが、その「野嶋」に対して弓削島庄の側は警固の見返りとして「酒肴料」を支払っている。

荘園と海賊との結びつきはその後いっそう強固なものになり、一四二〇（応永二七）年には、東寺は、のちの海賊衆来島村上氏の系統に属すると思われる村上右衛門尉と年貢の請負契約を結ぶに至っている（『東寺百合文書』と函）。これはそれまで年貢の納入を請負っていた安芸国の領主が年貢の納入を怠ったことに対処するためにとった手段だが、もはや弓削島庄のような瀬戸内海の荘園にあっては、海賊の力を借りずには荘園を維持することが困難になっていたという状況を示している。

このような海賊の力を次に積極的に活用したのは、室町幕府である。すでに一三八九（康応元）年に義満が厳島参詣を兼ねて西国遊覧を試みた時に「海賊は兵船をそろえ御船を警固したてまつる」とみえるから（『鹿苑院西国下向記』）、海賊を御座船の警固に動員したことがわかるが、幕府が海賊に期待することが特に大きかったのは、遣明船警固の場合であった。一四三四（永享六）年の第九次遣明船の帰朝の際には「伊与周防等海賊」「備後海賊村上と申す者」「四国海賊」等を肥前国小豆島（長崎県的山《あずち》大島）に派遣し、壱岐・対馬の勢力の狼藉から警固することが図られている（『満済准后日記』）。

遣明船を海賊に警固させる方法は、その後、定着したものとみえ、一四六五（寛正六）年発遣の第一二次遣明船の時にも、渡唐荷物船を津々浦々で警固すべしという命令が「諸国所々海賊中」に発せられている（『入明諸要例』）。

平時に海上警固のために使われていた海賊の力は、戦時になると、当然、軍事力に転用される。それにともなって、従来は敵の軍事力を貶《おとし》める意味で使われることの多かった海賊の語が、一定の海上軍事力を指す言葉として客観的に使われるようになった。大内義《よし》弘《ひろ》の室町幕府に対する反乱事件の顛末を記した『応永記』が、堺の大内義弘軍を攻めた勢力の一つを「四国淡路の海賊」と表現しているのは、そのような例の早いものだろう。ここでは、反乱軍を討伐する側の勢力が海賊と呼ばれているのである。

また、大乗《だいじょう》院門跡《いんもんぜき》経覚《きょうがく》の日記である『経覚私要鈔《きょうがくしようしょう》』は、応仁の乱に際して入京する大内政弘《まさひろ》軍の中に、「海賊衆」として倉橋、呉などの海上勢力がいたことを記している。経覚が海賊という言葉にどのようなニュアンスを込めているのか必ずしも明確ではないが、「海賊衆」が大内軍の中にきちんと位置付けられる存在とみられていたのは間違いない。これ以後、海賊の水軍力は、瀬戸内海沿岸の戦国大名に積極的に取り込まれ、大内氏、毛利氏、河野氏、大友氏などの軍事行動が海賊の水軍力ぬきにはありえなかったことは、第四章で述べた通りである。

これまでは、図20に示したさまざまなタイプの海賊が相互に取り結ぶ関係のうち、土着的海賊と安全保障者としての海賊、政治的海賊と水軍としての海賊という言わばタテの関係について述べてきたが、土着的海賊と政治的海賊、安全保障者としての海賊と水軍としての海賊といういわばヨコの関係についても少し考えておきたい。

平時の顔と戦時の顔

二つのヨコの関係のうち、安全保障者としての海賊と水軍としての海賊の関係については、述べ得ることはそれほど多くはない。重要なことは、この両者が、海賊の実態としては別物ではないということである。中世後期になって広い海域を縄張りとする有力海賊がみられるようになったが、彼らが海上交通とのかかわりの中でみせたのが安全保障者としての顔で、幕府や戦国大名など政治権力とのかかわりの中でみせたのが水軍としての顔ということになるのだろう。それは、あるいは海賊の平時の顔、戦時の顔と言い換えてもよいのかもしれない。

「海賊」語の用例をみる限りでは、水軍としての海賊のほうが史料上での出現時期も早く、史料の残存事例も多い。おそらくこれは、政治権力に関係した史料のほうが残存率が高いという史料の残り方の問題であって、実際には、安全保障者としての海賊のほうがより古い型ではないかと思われる。生業としての上乗りが先にあって、そこで蓄積された海上支配のための実力が、戦国大名などの軍事力に転用されていったのではないだろうか。したがって、最初は海賊が戦国大名と取り結ぶ関係も決して恒常的なものではなかったが、時間の経過とともにより強固で主従性的なものに変化していった。しばしば有力海賊の例として取り上げてきた芸予諸島の村上氏に即して言えば、来島村上氏や因島村上氏は比較的早く河野氏や毛利氏などの戦国大名の家臣団の中に入っていった例であり、能島村上氏は、独自性をおそくまで持ちつづけた例と言えるだろう。

土着的海賊と政治的海賊

もう一つの、土着的海賊と政治的海賊の関係については、考えなければならない問題が多い。まず第一に、どちらも古代にまでさかのぼる海賊である点が重要である。表1をみると、史料として残された件数は、政治的海賊のほうが圧倒的に多いが、これが海賊活動の実態を表しているかというと、必ずしもそうではないだろう。政治的海賊は国家との関係によって海賊と規定されるので、当然、政府の手になる正史、政府の中枢にいる人物の記録などには、この種の海賊が多く記されることになる。

しかし、実際には、政府が深刻な政治的課題ととらえない、したがって正史・記録に記述されない、地域的で小規模な海賊行為も多数発生していたはずである。そのような正史・記録に記述されない海賊の姿は、むしろ文学作品や説話の中に断片的に登場する。

たとえば、『今昔《こんじやく》物語《ものがたり》集《しゆう》』（巻二八―一五）に登場する海賊などもその一人である。この海賊は、「貧しき者のために少し食料をいただこうと思って参上した」と口上を述べて物品を要求したが、船に乗っているのが著名な武士であることを聞くと「早く逃げなければ」と言って、鳥の飛ぶが如き速さで逃げ去った。また瀬戸内海の例ではないが、『古今《ここん》著聞集《ちよもんじゆう》』（偸盗《ちゆうとう》第一九）に登場する海賊も、三河国伊良湖《いらご》岬（渥美半島の突端）の沖で熊野の上分米《じようぶんまい》（神々に奉納する米）を運ぶ船に接近したが、船に乗り組んでいるのが弓の名人であることを知ると戦いもせずに引き上げた。

　これらの海賊の姿は、時代は大きく隔たるが、一五五〇（天文一九）年に梅霖守龍《ばいりんしゆりゆう》の乗る船に漕ぎ寄せ、船頭たちの放つ「鉄炮」に多くの負傷者を出して逃げ去った日比の海賊（序章参照）や、一五七五（天正三）年南九州の武将島津家久の乗った船に接近してきて船頭と礼銭の交渉をした海賊（『中書《ちゆうしよ》家久《いえひさ》公御上京日記《こうごじようきようにつき》』）などとほとんど変わらない。すでに古代の早い時点で、戦国期の史料にみられるような、小規模な浦々の海賊が多数各地に蟠居《ばんきよ》していたものと考えられる。

　それでは、土着的海賊と政治的海賊はどのような関係にあるのだろうか。明確な史料が乏しく、推測によらざるを得ないが、一応以下のように考えておきたい。瀬戸内海を中心にして海上交通が活発化し始めた段階で、各地の浦々で、航行する船舶から通行料という名目で物品を徴収する者たちがみられるようになった。彼らは、自分たちが長い歴史の中でつくりあげてきた生活領域を通行する船から、何らかの見返りを徴収することは当然であると考えた。だが、通行する旅人の側からみると不当な要求に思えたので、旅人の側は通行料の徴収者を海の賊という意味で海賊と呼び始めた。こうして浦々に土着的海賊が初めて成立した。

一方それとは別に、九世紀ころになると、海上秩序の弛緩にともなって、海上で反政府的行動をとる者がみられ始めた。律令政府は、このような反政府的行動を取る者たちに対しても、すでに社会の中で使われ始めていた、通行料を徴収する者たちを指す言葉としての海賊という語を使い始めた。こうして、土着的海賊に若干おくれて政治的海賊が成立することになったのではないだろうか。

2 「海賊」のニュアンス

変わるニュアンス

これまで述べてきたような海賊像の時代的変遷にともなって、「海賊」という言葉のニュアンスも微妙に変化していった。通行料の徴収をこととする浦々の土着的海賊や、権力に抵抗する政治的海賊が優勢であった時代には、当然ながら「海賊」にはそれを非難するニュアンスが色濃く含まれていた。だが、安全保障者としての海賊や水軍としての海賊の存在が大きくなるころから、賊的ニュアンスがあまり含まれない例もみられるようになる。

その早い例は、先にも触れた室町時代の遣明船の警固が海賊によってなされたあたりにみることができる。そこでは、海賊が遣明船の安全を守る存在として幕府から公認されていたことがわかる。

「海賊大将軍」による遣使

この時期の「海賊」のニュアンスを考えるに当たっては、『海東諸国紀』にも興味深い記述がある。『海東諸国紀』は、朝鮮の官人申叔舟《シンスクチュ》が王命により、一四七一年（日本では文明三年に当たる）に海東諸国（日本、琉球）の国情や通交の沿革を記し、使人接待の規定を収めた書物であるが、そこには「海賊大将」を名乗る者たちが朝鮮へ使いを送ったことが記されている。その記述は以下のようなものである（説明の都合上、番号を付す）。

①甲申（一四六四）年に遣使して来朝する者があった。その者は「安芸州海賊大将藤原朝臣村上備中守国重」と称した。その者は図書《としょ》（通行許可証）を受け、年一隻の交易船の派遣を認められた。

安芸国の海賊が遣使したという記事だが、記述には若干の疑問がある。安芸国では村上姓の海賊衆はこれまで確認されていないからである。しかし、隣国の備後国では因島村上氏の存在がよく知られている。しかも同氏の伝来文書の中には、備中守を名乗る人物がいたことも確認されている。そうすると、何らかの事情で備後の因島村上氏のことを安芸在住と間違えた可能性も考えられなくはない。とすると、因島村上氏は、この時期みずから「海賊大将」と名乗って朝鮮へ交易船を送っていたことになり、これは海賊衆の自己認識を考える上で興味深い事例となる。

じつは、「海賊大将」や「海賊大将軍」を名乗った人物の朝鮮への遣使は他にもみられる。

②一四六七（応仁元）年　備後州海賊大将梶原《かじわら》左馬助源吉安が、「観音現像」を賀すと称して遣使。

③一四六七（応仁元）年　周防州大畠太守海賊大将軍源朝臣芸秀が「雨花」を賀すと称して遣使。

④一四六八（応仁二）年　伊予州鎌田関海賊大将源貞義が遣使し、宗貞国《そうさだくに》（対馬島主）の請を以て接待を受けた。

⑤一四六八（応仁二）年　豊前州蓑島海賊大将玉野井藤原朝臣邦吉が遣使し、宗貞国の請を以て接待を受けた。

⑥一四六九（文明元）年　出雲州留関海賊大将藤原朝臣義忠が遣使し、宗貞国の請を以て接待を受けた。

いずれも興味深い記述だが、これまでの海賊研究の成果に照らしてみるとちょっとしっくりこないところもある。たとえば、地名については、③の周防大畠《おおばたけ》（山口県柳井市）や⑤の豊前蓑島《みのしま》（福岡県行橋市）は実在するが、④の伊予の鎌田関や⑥の出雲の留関は確認できない（ただし似た地名として出雲には宇龍がある）。人名については、②の槙原は、梶原姓の海上勢力が淡路の沼島《ぬしま》にいた徴証があるが、⑤の玉野井については見当たらない。また、③④⑥の人名が源・藤原など本姓のみを記して在地名を欠いているのも気になる。

このように「海賊大将」「海賊大将軍」などという記述に興味をひかれながらも、何かおかしいと長年感じていたが、近年になって朝鮮遣使についての研究が急速に進み、その違和感がとけてきた。要は、これらはすべて偽使だったのである。長節子氏の研究によると、『海東諸国紀』に記載されている朝鮮通行者はさまざまな名目で朝鮮に使いを送っているが、これらはすべて偽使で、それを組織したのは対馬島主宗氏であるという（「朝鮮前期朝日関係の虚像と実像」）。

このような研究成果によって、『海東諸国紀』の記事に依拠して村上氏が「海賊大将」を名乗ったこと、一五世紀の半ばに朝鮮に使いを送ったことを事実と認めることはできないことになった。ただ対馬の宗氏といえどもまったく何もないところからこれらの偽使をでっちあげることはできなかったはずだから、宗氏が「海賊大将」「海賊大将軍」という言葉を使いたくなるような状況、すなわち瀬戸内海各地に村上氏をはじめとする有力な海賊衆が拠点を有して活動し、場合によっては朝鮮に遣使したとしてもさほど不自然ではない（すなわち、少なくとも朝鮮に対してはそれが曲がりなりにも通用する）状況があったことは、認めてもよいのではないだろうか。そして「海賊大将」「海賊大将軍」といういささか大仰な言葉が使われていることは、「海賊」という言葉に対してそれほど強い忌避感がなかったことをも示していると考えることができるだろう。

このように、本来、賊的ニュアンスを色濃く漂わせていた「海賊」という言葉が、一五世紀ころを境にして次第にそのニュアンスを薄めていく状況をみることができる。

「海賊殿」と「海賊丸」

そのような傾向は、一六世紀になるとさらに強まってくるようで、人の名前に「海賊」という言葉が使われるような例もみられるようになる（拙稿「『海賊殿』の結婚」）。毛利氏配下の有力国衆で、元就の娘を妻としている宍戸隆家《ししどたかいえ》は、若いころ「宍戸海賊」と呼ばれていたらしいし、その子の元秀《もとひで》も「海賊殿」と呼ばれていた時期がある。またその両者のどちらかはわからないが、「海賊丸」の名で厳島神社の神官にあてた書状も残されている（『厳島野坂文書』）。

このように「海賊」という言葉が当時の有力者の幼名として何のはばかりもなく使われているのをみれば、この言葉が決して忌み嫌われる言葉ではなかったことがわかる。これはかつて「悪」という言葉が、人並み外れた能力を持つ人に対する畏敬の意を有し、悪源太（源義平《みなもとのよしひら》）、悪左府《あくさふ》（藤原頼長《ふじわらのよりなが》）などという使われ方をしたのと同じである。

こうして「海賊」から次第に賊的ニュアンスが薄れていったが、そのような傾向が特に顕著であったのは東国で、北条氏や武田氏など東国の戦国大名の家中においては、「海賊」に賊的ニュアンスがほとんどないことは第四章で述べたところである。

一方、西国社会においては、「海賊」から賊的ニュアンスが完全に消えてしまうことはなかった。そのことを端的に示しているのが、著名な秀吉の海賊禁止令である。そこでは、「諸国の海上において賊船行為をすることを、堅く停止する」「盗船を仕る輩がいることを聞きつけて、けしからぬことと思われた」などと明記され、「賊船」「盗船」にかかわる者が「海賊」と明記されている。豊臣政権においては、依然として海上において不法行為をなす者が海賊であるという認識が強固に生きていたことがわかる。「海賊」という言葉から賊的ニュアンスが薄まっていく傾向があることも事実だが、「海賊」＝無法者という認識がまったく消え去ったわけではないのである。

海賊の自己認識

このような言わば社会的認識に対して、海賊自身は、「海賊」という言葉をどのように認識していたのだろうか。村上氏の例でみてみると、実際に海賊としての活動がみられる室町・戦国時代において、村上氏自身がみずから「海賊」と名乗る例はほとんどない。また、毛利氏など関係を持った戦国大名が村上諸氏を「海賊」と呼ぶこともない。彼らが村上氏を呼ぶ時は、「能島」「来島」など拠点を置く地名で呼ぶか、あるいは「沖家」などという表現を使う。やはり「海賊」の賊的ニュアンスを意識していたのだろう。

ところが、戦国時代が終わって豊臣政権の時代になり、同政権の海賊禁止政策によって海賊行為が世上でみられなくなると、能島村上家ではみずからの家のことを「海賊家」とか「海賊方」などと呼称するようになる（『武家万代記』）。ここからは、海賊活動にかかわった自家の歴史に対する誇りのようなものを感じとることができる。しかし一方では、江戸期に入ってから来島家においてまとめられた『来島通総一代記』のように、末尾の一節において、能島・来島が「船年貢」（通行料のことだろう）を取る理由を説明し、世間の者の中には能島・来島のことを「海賊」だなどと悪口を言うものがいるからこのように記しておくのだ、などと述べている例もある。近世になっても賊的ニュアンスを気にしている様子がうかがわれる。

3　海賊たちの遺したもの

海賊の船づくり

これまで、古代・中世のさまざまな海域において多様な活動をする海賊についてみてきた。彼らには活動の仕方によっていくつかのタイプがあり、それらは相互に影響を与え合いながら、時代の動きにコミットしていった。そのような歴史的展開過程の中で海賊たちは日本の社会の中に何を残したのだろうか。最後に海賊たちの残した歴史遺産について考えてみたい。

図21　来島城跡と造船所

図21は、筆者が海賊についての現地調査の途次に撮った写真の一枚である。場所は愛媛県今治市波止浜。手前にみえているのは、波止浜湾に数多く立地している造船所のドッグで建造されている大型船の船体で、遠くにみえる小さな島は、これまでにもしばしば言及してきた、瀬戸内の海賊衆の一つ来島村上氏が本拠にしていた来島である。来島は四国本土と沖合の伊予大島に挟まれた狭い来島海峡の一角に位置して来島海峡をにらみ、同時に、その海峡に向かって開けた波止浜湾の喉元を押さえている。来島村上氏は、この島を拠点にして瀬戸内各地に活動の場を拡大していった(第四章参照)。波静かな波止浜湾はおそらく来島村上氏の船溜りの役割を果たしていたものと思われるが、そこが現在は、写真のような

日本有数の造船地帯となっている。

この一枚の写真は示唆的だ。中世の海賊と近代の造船所。ともに海にかかわる人と場だが、両者の間には何か関連するものがあるのだろうか。来島村上氏が造船にかかわったことを直接示す史料は見当たらないが、当然ながら船そのものには強い関心を持っていた。

年未詳だが、来島村上氏の当主村上通総《みちふさ》の庶兄にあたる得居《とくい》通幸《みちゆき》が小早川隆景の家臣乃《の》美《み》宗勝《むねかつ》にあてた書状の中で次のようなことを述べている。来島村上氏と小早川氏の関係は、一五八二（天正一〇）年になると険悪になるので、時期はそれより少し前のころだろう。


「現在来島に係留させている（小早川氏所有の）安《あ》宅船《たけぶね》を当方（得居通幸の鹿島城）に回漕して『拵《こしら》え』をすればそちら（小早川方）の役にも立って都合がいいから、その船を来島から鹿島へ回漕することを了承してほしい」（『萩藩閥閲録（巻一一浦図書）』）

ここには海賊衆来島村上氏（得居通幸もその一族）と安宅船との関係について興味深い点がいくつか示されている。第一に、「拵え」が指す内容である。普通に「拵え」と言えば物をつくることであろうから、ここで得居通幸が言おうとしているのは、回漕されてきた安宅船を参考にして自前の安宅船を建造するということになるが、文意を考えると、それほど大げさなことではなく、安宅船を自分のところで修理してやろうといっている程度のこととも読める。これだけの史料ではどちらとも判断しがたいが、いずれにしても重要なことは、得居通幸が安宅船に強い関心を示している事実である。この時点で来島村上氏はまだ自前の安宅船を所有してはいないが、それの建造や修理に対して強い意欲を持っていたことを確認することができる。ちなみに、安宅船というのは、これまでも何度か触れてきたように戦国期最大の軍船の呼称である。

このやり取りのその後の展開については史料を欠いているが、年未詳六月三日付で、同じ得居通幸が近隣の海上勢力である二神氏に対して「船の立木」を八〇本調達してくれたことに礼を述べている事実がある（『二神文書』）。これをみると、通幸は実際に安宅船の建造あるいは修理に取り組んだのかもしれない。

ここにみられるのは瀬戸内の海賊の軍船建造に対する強い関心だが、海上勢力と造船の関係と言えば、最もよく知られているのは九鬼嘉隆の場合だろう。九鬼氏は志摩国鳥羽（三重県鳥羽市）を拠点にして主として伊勢湾で活動した海の領主であるが（第四章参照）、その武名を高からしめたのは、一五七八（天正六）年の第二次木津川口合戦である。これは、大坂本願寺に兵糧を搬入しようとした毛利軍と、それを阻止しようとする織田軍が大坂湾で二度目に衝突した海戦だが、この時、九鬼嘉隆は信長に命じられて「伊勢浦」で「大船」六艘を建造し、それを率いて大坂湾に駆け付け、毛利方水軍を撃破した。

九鬼嘉隆が「大船」を建造した「伊勢浦」は、本拠鳥羽浦に程近い伊勢大湊のことだろう（三重県伊勢市）。大湊は、五十鈴川《いすずがわ》と勢田川《せたがわ》の河口に開かれた港である。この港は、「伊勢海小廻船」と呼ばれる、伊勢湾で活動する小型船舶や、「関東渡海船」と呼ばれる、品川湊《しながわ》など関東の地方湊津と伊勢地方を結ぶ大型廻船の基地でもあった。

九鬼嘉隆が造った「大船」というのは、当時の記録によれば、五〇〇〇人ほどの乗員を乗せ、横幅七間（約一三メートル）、長さ一二、三間（約二二〜二三メートル）で、鉄砲が貫徹しないように「鉄ノ船」にしていたというから（『多聞院日記』）、当時としてはまことに巨大で異様な船であった。これをどうみるかについては古くから多くの議論がある。かつては文字通り船体が鉄で覆われた鉄甲船とみて信長の軍事的天才を称揚するような見解もあったが、近年はさすがにそのような見方は少なくなった。

いずれにしても、九鬼氏の造船能力の高さは当時、社会的に広く認知されていたようで、後年、朝鮮出兵に際して、秀吉が関白秀次《ひでつぐ》に与えた造船に関する指示には、安宅船の絵図や差図を九鬼嘉隆から取り寄せ、これを用いて各地の部将たちに造船に当たらせせよと記されている（『妙法院文書』）。九鬼氏が安宅船など大船の建造において第一人者とみなされていたことがよくわかる。その嘉隆が建造した大船の代表が日本丸である。『寛永諸家系図伝』によると、朝鮮出兵時に、嘉隆が鬼宿丸《きしゆくまる》という大船に乗り、五十余艘を引き連れて名護屋《なごや》へ着いたところ、秀吉は鬼宿丸をたたえ、これを日本丸と名付け、「茜《あかね》の吹貫《ふきぬき》に金団扇」を与えたという。

来島村上氏と九鬼氏は、ともに江戸時代になると山間部の大名となって海との接点を断たれたので、彼らが蓄積した造船の知識や技術がそのまま一族で受け継がれていくことはなかったが、それらはさまざまな形で地域社会に定着していったものと思われる。来島の場合は、近世における造船業の展開をあとづけることはできないが、図21にみられるような現代の造船業の活況は、埋もれていた船づくりの精神が近代になって再び表に現れたものとみることができるだろう。

一方、大湊では、九鬼氏の日本丸の記憶が長く地域社会の中で生き続け、その船づくりの知識や技術も地域の貴重な遺産となった。近世においても大湊の細い水路には造船所が立ち並び、それに関連して船釘などを生産する鉄工業なども発達した。水路沿いに造船所が立ち並ぶ景観は、第二次世界大戦後の高度経済成長期までみられたという。

塩飽の航海術

「北運の海路は寫遠《ちょうえん》、潮汐の険悪はまた東海一帯の比にあらず、船隻すべからく北海の風潮に習慣せる者を雇い募るべし、讃州塩飽、直島《なおしま》、備前州日比《ひび》浦、摂州伝法《でんぼう》、河辺、脇浜等の処の船隻のごときは皆充用すべし、塩飽の船隻は特に完堅にして精好、他州に視るべきにあらず、その駕使郷民また淳朴にして譎《いつわら》ず、よろしく特に多くを取るべし」

これは、新井白石《あらいはくせき》が河村瑞賢《かわむらずいけん》の事績を述べた『奥羽海運記』の中で、西回り航路の開発を命じられた瑞賢が幕府に建議した内容として伝えるものである。文章の格調を読み取っていただくためにあえて書き下しのまま引用した。ここで瑞賢は、日本海経由の西回り航路が、先に開発に成功した東回り航路よりもはるかに困難であることを指摘し、その調査に当たって雇用すべき水夫《かこ》の選定について述べているが、目を引くのは、塩飽の水夫に対する高い評価である。瑞賢は、塩飽の船は、「完堅にして精好」で、他国のものと比較にならないと述べ、水夫は、「淳朴にして譎」がないので、特に多く雇用すべきだと提議している。

瑞賢から高い評価を得た塩飽は、第四章でも触れたように、瀬戸内海の東部、備讃諸島の一角に位置する島である。そこは、一五五〇（天文一九）年に東福寺僧梅霖守龍を乗せて海賊に遭遇した船頭「塩飽の源三」の故郷でもあった（序章参照）。中世の瀬戸内海は、源三のような「塩飽の船頭」の操船する船舶が数多く行き来していたのである。

そのような塩飽の水運力はやがて統一権力の注目するところとなり、それへの貢献によって、塩飽の船方衆が秀吉から一二五〇石の領地を与えられて人名《にんみょう》制という独特の自治を認められたことはすでに述べた（第四章）。

このような塩飽の海上勢力の特色は、海賊や水軍というよりも、むしろその水運力にあったというべきである。それを支えていたのは卓越した航海術であった。またそれは、中世の船頭から近世の船方衆に継承されて生き続けた。一七世紀後半の時点でこのことに注目したのが河村瑞賢だったのだ。瑞賢は、一六七一（寛文一一）年にいわゆる東回り航路の開発に成功し、翌七二年には出羽《でわ》国最上《もがみ》地方（山形県）の城米《じょうまい》（幕領の年貢米）の西回りによる江戸回送を命じられたが、この航路は東回り航路よりもはるかに遼遠で難路だったので、とりわけすぐれた乗組員が求められていたのである。

このように塩飽の船方衆は河村瑞賢の西回り航路の開発に大きな貢献をしたが、それだけで彼らのすぐれた航海術の役割が終わったわけではない。むしろ塩飽の船方衆の活動の場は西回り航路の開発によって広がったといえる。それは、西回り航路によって東北・北陸地方の年貢米が大量に大坂に流れ込むことになり、塩飽船は幕府の直雇いの特権を得て、城米の輸送に従事することになったからである。塩飽の廻船は、一八世紀前半ころまで幕府の城米輸送の主力の地位を確保し続けた。ここには、中世の「塩飽の船頭」の航海術が、近世の新しい海運状況の中においても生き続けた姿をみることができる。

瀬戸内海から目を熊野灘に転じてみよう。

熊野灘の捕鯨

南北朝時代に南九州に遠征した熊野海賊の中核をなしたと覚しき西向小山氏の拠点となった古座川河口や、周防国竈門関《かまどのせき》から摂津国尼崎に至る海域で西国運送船の警固に当たった泰地氏の拠点泰地（太地）は、近世捕鯨業の発達したところとして知られている。熊野灘の捕鯨業について研究した田上繁氏は、熊野灘の捕鯨猟と熊野海賊の関係について興味深い指摘をしている（「熊野灘の古式捕鯨組織」）。

第一に、近世に鯨猟の統率に当たった者たちの出自をたどると、中世の海の領主や海賊に行き着くことが多いという点。近世の太地鯨方において「宰領《さいりよう》」と呼ばれた和田氏は、鎌倉幕府の有力御家人和田氏の流れをくみ、南北朝期には、脇屋義助の伊予渡海に協力したという伝承を有するというし、古座における鯨猟の主体であった高瓦《たかがわら》氏は、言うまでもなく古座浦の領主高川原氏の子孫である。第二に、近世の鯨猟は多くの勢子船《せこぶね》や網船を動員してきわめて組織的におこなわれたが、そのような組織的な狩猟方法は、海賊の戦闘形態が応用されたものであるという点。そして第三に、海賊の城館や出城は岬や海に突きだした高台に築かれていることが多いが、これらが鯨猟の山見番所として利用されたという点である。

このうち第二の点については、熊野海賊の戦闘方法が必ずしも明らかになっていない以上、今後の検討が必要だろうが、第一、第三の点については、十分首肯できるところである。特に古座川河口の西向浦の「城山」、西向浦の対岸古座浦の「古城山」の立地をみると（第三章参照）、鯨猟の見張り番所として再生されたという指摘は新鮮で、よく納得される。今後、熊野海賊の城跡に登って太平洋を遠望する時には、沖行く軍船と潮吹く鯨の両方を想像してみなくてはならないだろう。

海に乗り出す人々

昭和の初めころ、瀬戸内各地の港でポンポンという小気味のよいエンジンの音が聞かれるようになった。機帆船《きはんせん》の焼玉《やきだま》エンジンの音である。機帆船とは、木造帆船にエンジンを装備した小型貨物船だが、初期には価格が低廉で修理・修繕が容易な焼玉エンジンが重宝され、それがリズミカルな独特の音を発していた。初期の機帆船ではエンジンは入港時や無風時にのみ使用される補助的なもので、ふだんは帆走することが多かったが、エンジンの性能が向上するにつれて、次第に機走が主で帆走が従に変わっていった。

機帆船の大きさはさまざまだが、一九四二（昭和一七）年の統計では、全国に在籍する二万余隻のうち五〜二〇総トンの小型の船が大部分を占めている（『内航船主の航跡』）。これを数人の乗組員で操船するのだが、乗組員の多くは、家族・縁者で構成されていた。したがって初期の機帆船の多くは家族労働力によって支えられていたと言える。

このような機帆船は、江戸時代の海運を担った弁財船《べざいせん》などの大型帆船が西洋型帆船にとって代わられ、さらにそれが順次、汽船に変わっていくという日本海運史の大きな流れのはざまで生まれた小型船舶である。各地の北前船主など有力船主の中には汽船の導入に踏み切る者もいたが、資金力に劣る一般の地方船主にはそれは困難で、有力船主たちが汽船への転換を果たしたあとも、帆船を中心にして運航する船主が瀬戸内海の各地には多数いた。このような船主たちが、昭和の初めころになって帆船に変わって導入を試みたのが機帆船だったのである。

機帆船が最初に誕生したのは、一九〇六（明治三九）年、静岡県清水《しみず》（静岡市清水区）においてであったというが（『全海運沿革史』）、それを最も早く導入したのは、瀬戸内海の船主たちであった。愛媛県松山市沖に浮かぶ中島の粟井《あわい》（松山市中島町）の人々は、すでに江戸時代の後半から小型船を駆使して西日本各地で活発な海運活動をおこなっていたが、機帆船がすぐれているとみるや素早くこれへの転換を図り、一九二五（大正一四）年に一二〇重量トンの補助機帆船（帆が主で機関が補助）が出現し、一九二九、三〇（昭和四、五）年ころになって三〇〜四〇トンの機帆船が多く登場し、それに交じって、一〇〇トン以上の機帆船も二隻登場した(『中島町誌』)。

また後に海運の町として著名になる同県波方《なみかた》(今治市)では、一九二九年に地元の船主が今治の造船所で初めて一五〇トン級の機帆船を建造した(『なみかた誌』)。さらに、江戸時代以来地元産の塩を積んで北前航路に進出する船がみられた伯方島《はかた》(今治市)では、地元の船主が、当時近隣の島々の中では最大級と言われた三五〇トン積みの木造帆船を建造し、それに昭和初期に焼玉エンジンを装備して機帆船として運航したという(『伯方町誌』)。

このうち、粟井の所在する中島はかつては忽那島と呼ばれ、南北朝時代に吉野から九州に下る懐良親王を保護し、熊野海賊とともに九州薩摩へ送り届けた忽那氏の本拠のあったところである(第三章参照)。また波方は、現在造船所が多く立地する波止浜の近隣で、来島村上氏の本拠来島の対岸に当たる。同氏は、海城である来島城と陸地部の波方をセットにして拠点を形成していたのである。さらに伯方島は、能島村上氏の本拠能島の隣島で、当然同氏の勢力範囲下にあったところである(第四章参照)。

こうしてみると、機帆船で海に乗り出した人々が、かつて海賊や海の領主として活躍した海上勢力とかなり近いところにいることがわかる。昭和の時代において機帆船を駆使した人々と中世の海上勢力の関連性を歴史的に証明することは難しいが、この海域の人々が海に乗り出すという精神を中世の海賊から受け継いでいることは間違いないのではなかろうか。

機帆船の時代

機帆船はさまざまな物資を運んだが、最大の積荷は何といっても北九州や宇部《うべ》（山口県宇部市）の石炭であった。北九州には、筑豊《ちくほう》・三池《みいけ》・高島《たかしま》など有力な炭鉱が数多くあり、第一次世界大戦中には未曾有の石炭景気にわいたこともあって、その積出し港には各地から機帆船が集まってきた。特に筑豊炭田の積出し港である若松《わかまつ》には、全国の石炭船が群がったという。第二次世界大戦後のことだが、若松港のある洞海湾《どうかいわん》が機帆船のマストで埋まり、その主力は、広島・愛媛の船であった、との証言もある（『全海運沿革史』）。これらの石炭を積み込んだ機帆船は、主として阪神方面へ出かけた。

このように機帆船海運が石炭輸送を中心にしてめざましく発展した理由としては、石炭の主要市場が比較的近距離の阪神地方で、大型船に頼らなくても機帆船の輸送力で十分に対応できたこと、揚陸地の港湾設備などの制約上、大型船よりも機帆船のほうが着岸しやすかったこと、近距離輸送であったから機帆船のほうが運賃が安かったこと、などが指摘されている。要するに、瀬戸内海の地域性と、昭和初期段階における西日本の産業上の諸条件に機帆船がぴったりあったということであろう。

このように昭和戦前期の機帆船は、まさに瀬戸内海運の花形であったが、しかし同時に、運航や経営のあり方をみると、さまざまな問題点を抱えていた。運航面では、中・小型の機帆船は、九州から東京まで通しの運航をすることがほとんどできないという弱点があった。熊野灘や遠州灘が危険で、そこまで進出することが乗組員たちにタブー視されていたからである。これは、近世の大型海船である菱垣《ひがき》廻船や樽《たる》廻船が大坂・江戸間を容易に行き来していたことを考えると、機帆船の運航能力がある意味中世的な段階にとどまっていたことを示している。機帆船船主の航海技術は、経験的直観に依存する部分が多く、特定の航路においては高度に習熟するが、未知の海洋への航路には弱点を有していた。

経営面では、回漕業者との関係が問題であった。機帆船の運送形態は、帆船時代の買積み運送がほとんど姿を消し、運賃積み形態に一本化されていたが、これによって船主は、買積み時代に有していた商人的性格を払拭して純粋な海運業者になり、安定した運賃収入を得るようになった。しかし、そのことは同時に、貨物仲介業者である回漕業者への依存度を高めることにもなった。回漕業者の中には、単に貨物の斡旋《あっせん》をするばかりでなく経営資金の貸し付けをする者などもあったから、船主が回漕業者の影響下に入らざるを得ない場合も少なくなかった。

機帆船海運は、このように多くの問題を抱えてはいたが、それを克服した時に得られる利益も大きかった。これも第二次世界大戦後のことではあるが、次のような証言がある（『全海運沿革史』）。

・当時の石炭運賃は公団が設定した公定運賃で、一トン当たり長崎～阪神が一七七〇円、若松～阪神が一一二五円とかなりの高額であった。八〇トン積みの機帆船で九州から大阪まで行くと百円札で風呂敷が一杯になり笑いが止まらなかった。

・（大型船の場合）荷主が現金を持って港で待っていて、門司・下関で積み込んだ荷物を三五〇トン積みの船で東京まで運べば、一〇〇万円の運賃が得られた。当時はまだ千円札が出ていなかったので、百円札が大きなボストンバッグ一杯になった。

昭和の戦前期に全盛期を迎えた機帆船海運は、第二次世界大戦中には、戦時統制や軍による徴用などによって大きな打撃を受けたが、戦争が終わると、おりからの船舶不足もあって、戦後に残った機帆船は引く手あまたとなり、石炭輸送をめぐって上記の証言のようなめざましい活況が生まれた。しかし、このような活況も長くは続かず、インフレ抑制策や税制改革による不況の波は機帆船の上にも降りかかった。そして、一九五〇年代には、老朽化が目立ち始めた機帆船に代わってより安全性にすぐれた鋼船が導入され始め、機帆船の時代も終わりを告げた。
こうしてみると、瀬戸内海という限られた海域において、数本のマストと簡便なエンジンを装備した小型船を駆使して海に乗り出し、回漕業者の支配を受けながら、小回りの利く小型船の特性を生かして石炭などを運送し続けた機帆船の一杯船主の活動の中に、昭和の時代をたくましく生きた〝海賊〟の姿をみる思いがするのである。

以上、海賊がのこした遺産がその後の日本社会の中でどのように受け継がれていったのかについてみてきた。これらはほんの一例にすぎないが、海賊の歴史が中世社会の終焉とともに途絶えてしまうわけではなかったことが理解できるだろう。その長い歴史の中で蓄積されてきた知識や技術は、形を変えながら近世社会に受け継がれ、海に乗り出そうとする心性は、近世、近代を問わず日本人の心の中に生き続けることになったのだ。

注

はじめに

1　ここではわかりやすい例としてパイレーツを取り上げたが、パイレーツ以外にも世界各地には類似の海上勢力が数多く存在する。北欧のヴァイキング、カリブ海のバッカニア、北アフリカのバルバリア地方のムスリム勢力などがそれである。これらと海賊の関係もパイレーツの場合と同様である。

序　章　海賊との遭遇

1　本文では、東賊、西賊を、瀬戸内海を東西に二分する有力海賊と解釈したが、『老松堂日本行録』の校注者村井章介氏は、上・下蒲刈島には、両島を隔てる瀬戸に臨んで、上蒲刈島の向井浦、下蒲刈島の三之瀬が相対していて、向井浦が東賊、三之瀬が西賊の本拠であろうとしている。

第一章　藤原純友の実像

1　ただし、かつてどの時代においても承平・天慶の乱という呼称が使われていたかというと、必ずしもそうではない。寺内浩氏の研究によると、江戸時代においても『大日本史』のように天慶の乱と呼んでいる史書もあるし、近代になってからも、明治時代の前半にはむしろ天慶の乱の呼称のほうが多く使われ、承平・天慶の乱になるのは戦後になってからであるという（「天慶の乱と承平天慶の乱（一）（二）」）。

2　海賊を広義にとらえて海の盗賊とみなす立場からすれば、「続日本紀」天平二〇（七三〇）年九月二九日条の「詔して曰く、京及び諸国に多く盗賊あり、或は、人家に捉《と》りて劫掠し、或は海中にありて侵奪す、百姓を蠹《と》害《がい》すること此より甚だしきは莫《な》し、宜しく所在の官司をして厳かに捉搦《そくだく》を加え、必ず擒獲《きんかく》せしむべし」という記事を最初の海賊記事とみることもできる。また、天平宝字八（七六四）年七月一九日条には、博多津に到着した新羅の使者が「唐国擾乱して、海賊寔《まこと》に繁《しげ》し」と、新羅の海賊について述べた記事もある。

3 衛府舎人というのは、都や宮城の守衛を担当する近衛府などに所属する兵士のことであるが、地方豪族出身者が多い舎人のうち、本国に居住したままで番役などを勤めず、舎人としての特権のみを最大限に享受しようとしてしばしば国司と対立する存在を特に部内居住衛府舎人と呼んだ。

第二章　松浦党と倭寇

1 松浦党を海賊と呼ぶ史料はほとんど見られないが、松浦党関係史料の中に海賊という言葉がまったくみられないかというとそういうわけでもなく、たとえば一三八八（嘉慶二）年の一揆契諾の中に、「夜討、強盗、山賊、海賊、放火、田畠作毛を盗み苅る」輩は、証拠がはっきりしていれば死罪とする、などという規定がある。ただこの規定は、幕府法の内容をそのまま取り込んだという雰囲気が強く、地域の実情を反映したものかどうかは疑わしい。

2 まだ倭寇という言葉が生まれる前の早い時期に、松浦党と号する「鎮西凶党等」が数十艘の兵船を構えて高麗に出かけ、物資を略奪したことは、『明月記』（嘉禄二年一〇月一七日条）に記されている。

3 「海の領主」という言葉を最初に意識的に使い始めたのは網野善彦だろう。網野は、「海の領主」を、「海民」を支配下に入れている海の武士団であると定義し、流通路を押さえる商業活動に従事したり、関所を設けて通行料を徴収したりすることも「海の領主」の活動の一部ととらえている。網野が海の領主の例としてあげているものに、摂津の渡辺党、伊予の忽那氏、熊野の小山氏、西海の松浦党、津軽の安藤氏などがいる（「西海の海民社会」「海の領主、海の武士団」）。

第三章　熊野海賊と南朝の海上ネットワーク

1　石堂義慶は、この時期主として東国地方で活動したことが知られており、一三三六（延元元）年の熊野での活動に疑問ありとする見方もあるが、同年（建武三）二月二一日付で新宮にあてた文書に署判を加えている例もあるから（『熊野速玉神社文書』）、この時期熊野で活動していたのは間違いないであろう。五月の敗戦の後、東国へ向かったものと思われる。

2　文書を写真でみると、かなり破損がすすんでいるようだから、破損によってあて先が欠失したとも考えられるが、意識的にあて所を切り取った可能性もある。その場合は、この文書を伝えた那智大社の社家実報院の米良家にとって望ましくない、あるいは不自然な勢力の名が記されていたことになる。もしそうであるとすれば、それは、内容から判断して、瀬戸内海の水運や軍事にかかわる勢力であった可能性が高いのではないだろうか。

第四章　戦国大名と海賊

1　海賊衆としての村上氏は、しばしば村上水軍などと呼ばれることがある。別に間違った用法というわけではないが、私はできるだけ使わないようにしている。理由は二つある。一つは「水軍」は、史料用語ではないということである。つまり戦国時代以前の古文書や文献に「水軍」という言葉が出てくることはない（逆に「海賊」は史料用語だから古文書や文献に出てくる）。「水軍」という言葉は、海賊が歴史上から姿を消した近世以降になって軍学書などで使われ始め、主として近代以降に定着した言葉である。もう一つの理由は、「水軍」という言葉を使うとどうしても軍隊のイメージが強くなるが、村上氏は、専門の軍事集団ではなく、基本的には海の民とでも言うべき、海を生業の場として活動する人々であると考えているからである。もちろん彼らは、水軍としての活動をする場合も数多くあるが、他方では、海運、交易や漁業など、海にかかわる多様な活動をしているのであり、「水軍」といってしまうと、そのような多様さが失われるのではないかとおそれるのである。

そこで本書では、村上水軍という言葉は極力避け、海賊衆村上氏は「戦国大名毛利氏の水軍として活動した」「水軍力を駆使して瀬戸内海を駆けめぐった」などという表記の仕方をしたいと思う。

2　藤田達生氏は、この法令は海賊の存在そのものを禁圧するものではなく、賊船行為を厳禁したことが本質であるから、海賊禁止令という呼称は適切ではなく、「賊船禁止令」と規定すべきである、と主張している（『秀吉と海賊大名』）。

終　章　海賊の時代

1　繁雑を避けるために本書においては省略したが、拙稿「海賊とは何か」において、一つ一つの事例をあげ、それらがどのタイプに属するかという判断の根拠を示したので、関心があれば参照していただきたい。

文献・史料一覧

引用・参考文献

相田二郎『中世の関所』有峰書店、一九七二年
網野善彦「青方氏と下松浦一揆」(『歴史学研究』二五四号、一九六一年)
同「中世の旅人たち」(『日本民俗文化大系六 漂泊と定着』小学館、一九八四年)
同「太平洋の海上交通と紀伊半島」(森浩一ほか『海と列島文化8 伊勢と熊野の海』小学館、一九九二年)
同「西海の海民社会」(網野善彦ほか『海と列島文化4 東シナ海と西海文化』小学館、一九九二年)
同「海の領主、海の武士団」(『朝日百科日本の歴史別冊 歴史を読みなおす8 武士とは何だろうか――「源氏と平氏」再考』朝日新聞社、一九九四年)
同「鎌倉幕府の海賊禁圧について」(『悪党と海賊』法政大学出版局、一九九五年)
同「悪党と海賊」(『悪党と海賊』法政大学出版局、一九九五年)
同「小山家文書について――調査の経緯と中世文書」(『日本中世史料学の課題――系図・偽文書・文書』弘文堂、一九九六年)
同「海の領主 安藤氏と十三湊」「瀬戸内の島々 紙背文書にみる歌島」(『海民と日本社会』新人物往来社、一九九八年)
稲葉靖司「九世紀瀬戸内海地域の海賊問題」(『伊予史談』三二三号、二〇〇一年)
臼井和樹「『〔没倫紹等日記〕』断簡――古記録の断片に表れた海賊記事」(『史学』八三巻一号、二〇一四年)
宇田川武久『日本の海賊』誠文堂新光社、一九八三年

岡田利文「周防鋳銭司と古代伊予」（『ソーシアル・リサーチ』一九号、一九九三年）
同　「承平六年の藤原純友――寺内浩氏「藤原純友と紀淑人」を読んで」（『ソーシアル・リサーチ』三五号、二〇一〇年）
同　「藤原純友の視線」（山内譲編『古代・中世伊予の人と地域』関奉仕財団、二〇一〇年）
長　節子「朝鮮前期朝日関係の虚像と実像――世祖王代瑞祥祝賀使を中心として」（『年報朝鮮学』八号、二〇〇二年）
小和田哲男「武田水軍と駿河の海賊城」（『小和田哲男著作集第六巻 中世城郭史の研究』清文堂出版、二〇〇二年）
勝俣鎮夫「山賊と海賊――中世の罪と罰1」（『週刊朝日百科日本の歴史8 中世1徳政令――中世の法と裁判』朝日新聞社、一九八六年）
金谷匡人『海賊たちの中世』吉川弘文館、一九九八年
鴨川達夫「武田氏の海賊衆小浜景隆」（萩原三雄・笹本正治編『定本・武田信玄――二一世紀の戦国大名論』高志書院、二〇〇二年）
黒嶋　敏『海の武士団――水軍と海賊のあいだ』講談社、二〇一三年
小林昌二「藤原純友の乱」（八木充編『古代の地方史第2巻 山陰・山陽・南海編』朝倉書店、一九七七年）
同　「藤原純友の乱研究の一視点」（『地方史研究』一七二号、一九八一年）
同　「藤原純友の乱再論――福田・松原氏の批判に答えて」（『日本歴史』四九九号、一九八九年）
齋藤拓海「備後国の平氏家人　奴可入道西寂について」（『芸備地方史研究』二八〇号、二〇一二年）
佐伯弘次「一六世紀における後期倭寇の活動と対馬宗氏」（中村質編『鎖国と国際関係』吉川弘文館、一九九七年）
佐伯真一・山内　譲校注『伝承文学注釈叢書1 予章記』三弥井書店、二〇一六年
桜井英治「山賊・海賊と関の起源」（『日本中世の経済構造』岩波書店、一九九六年）
柴辻俊六「戦国大名武田氏の海賊衆」（『戦国大名領の研究――甲斐武田氏領の展開』名著出版、一九八一年）
下向井龍彦「部内居住衛府舎人問題と承平南海賊――王朝国家への転換と天慶二年純友の乱を媒介するもの」（『内海文

化研究所紀要』一八・一九合併号、一九九〇年）
下向井龍彦「天慶藤原純友の乱についての政治史的考察」（『日本史研究』三四八号、一九九一年）
同「平安時代の国家と海賊」（白幡洋三郎編著『瀬戸内海の文化と環境』瀬戸内海環境保全協会、一九九九年）
同『物語の舞台を歩く 純友追討記』山川出版、二〇一一年
同「承平六年の紀淑人と承平南海賊の平定――寺内・岡田両氏の研究に接して」（『史学研究』二七四号、二〇一二年）
同「『承平六年の紀淑人と承平南海賊の平定』再論――寺内浩氏の批判と疑問に答える」（『史学研究』二八四号、二〇一四年）
白水　智「西の海の武士団・松浦党――青方文書にみる相剋の様相」（網野善彦ほか『海と列島文化4　東シナ海と西海文化』小学館、一九九二年）
新城常三「寄船・寄物考」（『中世水運史の研究』塙書房、一九九四年）
鈴木かほる『史料が語る向井水軍とその周辺』新潮社図書編集室、二〇一四年
瀬戸内水軍散歩編集委員会編『瀬戸内水軍散歩24コース』山川出版、二〇〇二年
瀬野精一郎「鎌倉時代における松浦党」（『鎮西御家人の研究』吉川弘文館、一九七五年）
同「松浦党の変質――松浦党の一揆契諾について」（『鎮西御家人の研究』吉川弘文館、一九七五年）
同「平安時代における松浦党の存在形態」（『松浦党研究とその軌跡』青史出版、二〇一〇年）
同「多島海の暴れ者『松浦党』――海賊と鎌倉御家人の迫間に」（『松浦党研究とその軌跡』青史出版、二〇一〇年）
全国海運組合連合会編『全海運沿革史――内航海運の源流』一九八二年
全日本内航船主海運組合編『内航船主の航跡』一九八一年
高橋　修「新出の『村上武吉過所旗』について（上・下）」（『和歌山県立博物館研究紀要』第四・五号、一九九九・二

〇〇〇年）
高橋　修編『熊野水軍のさと――紀州安宅氏・小山氏の遺産』清文堂出版、二〇〇九年
高橋公明「中世東アジア海域における海民と交流――済州島を中心として」（『名古屋大学文学部研究論集』三三号、一九八七年）
田上　繁「熊野灘の古式捕鯨組織――太地・古座両浦を中心として」（森浩一ほか『海と列島文化8　伊勢と熊野の海』小学館、一九九二年）
田中健夫『倭寇――海の歴史』教育社、一九八二年
同「倭寇と東アジア通交圏」（『東アジア通交圏と国際認識』吉川弘文館、一九九七年）
寺内　浩「藤原純友と紀淑人」（『続日本紀研究』三五九号、二〇〇五年）
同「承平六年の紀淑人をめぐって」（愛媛大学人文学会『人文学論叢』一五号、二〇一三年）
同「天慶の乱と承平天慶の乱（一）（二）」（『愛媛大学法文学部論集　人文学科編』三四・三五号、二〇一三年）
中島町誌編集委員会『中島町誌』一九六八年
長沼賢海『日本の海賊』至文堂、一九六六年
同「松浦党及び門司氏等諸氏研究」（『日本海事史研究』九州大学出版会、一九七六年）
中野　等「いわゆる『海賊停止令』の意義について」（九州大学21世紀COEプログラム（人文科学）「東アジアと日本：交流と変容」・九州国立博物館設立準備室共編・刊『東アジア海域における交流の諸相――海賊・漂流・密貿易』二〇〇五年）
波方町誌編纂委員会編『なみかた誌』一九六八年
野口　実「十二世紀末における阿波国の武士団の存在形態――いわゆる「田口成良」の実像を中心に」（『京都女子大学宗教・文化研究所研究紀要』二七号、二〇一四年）
伯方町誌編纂会編『伯方町誌』一九八八年

日置川町誌編さん委員会『日置川町史 第一巻中世編』日置川町、二〇〇五年
福川一徳「中世末期の筑前今津」（『福岡県地域史研究』六号、一九八七年）
福田豊彦「藤原純友とその乱」（『日本歴史』四七一号、一九八七年）
藤田達生「海賊禁止令の成立過程」（三鬼清一郎編『織豊期の政治構造』吉川弘文館、二〇〇〇年）
同『秀吉と海賊大名――海から見た戦国終焉』中央公論新社、二〇一二年
松原弘宣『藤原純友』吉川弘文館、一九九九年
真鍋淳哉「海から見た戦国時代――北条水軍梶原氏の動向」（網野善彦ほか編『列島の文化史』一一号、日本エディタースクール出版部、一九九八年）
宮家 準「中世期の熊野修験と海上交通――瀬戸内海を中心にして」（『山岳修験』七号、一九九一年）
村井章介『中世倭人伝』岩波書店、一九九三年
同「鎌倉時代松浦党の一族結合――系図の復元を中心に」（鎌倉遺文研究会編『鎌倉遺文研究Ⅱ 鎌倉時代の社会と文化』東京堂出版、一九九九年）
同「倭寇とはだれか――一四―一五世紀の朝鮮半島を中心に」（『日本中世境界史論』岩波書店、二〇一三年）
森 公章「純友の乱と西国武者の生成」（『東洋大学文学部紀要第61集 史学科編第33号』二〇〇八年）
盛本昌広「北条氏海賊の動向」（佐藤博信編『中世房総と東国社会 中世東国論4』岩田書院、二〇一二年）
山内 譲「瀬戸内水運の興亡――島々の役割を中心として」（大林太良ほか『海と列島文化9 瀬戸内の海人文化』小学館、一九九一年）
同「愛媛海運の沿革」（愛媛県社会経済研究財団編『海上物流ネットワークに関する研究』一九九四年）
同『海賊と海城――瀬戸内の戦国史』平凡社、一九九七年
同「瀬戸内水軍のあゆみ」（瀬戸内水軍散歩編集委員会編『瀬戸内水軍散歩24コース』山川出版、二〇〇二年）
同「『海賊殿』の結婚」（『伊予史談』三三〇号、二〇〇三年）

同　「海賊とは何か――中世の瀬戸内海を中心に」（中野栄夫編『日本中世の政治と社会』吉川弘文館、二〇〇三年）
同　『中世瀬戸内海の旅人たち』吉川弘文館、二〇〇四年
同　「ある禅僧の船旅――海賊の周辺」（『中世の港と海賊』法政大学出版局、二〇一一年）
同　『海賊衆来島村上氏とその時代』自家版、二〇一四年
同　『瀬戸内の海賊――村上武吉の戦い〈増補改訂版〉』新潮社、二〇一五年
同　「因島村上氏――海賊衆の活動範囲を中心に」（『芸備地方史研究』三〇〇号、二〇一六年）
同　『豊臣水軍興亡史』吉川弘文館、二〇一六年
山下知之「阿波国における武士団の成立と展開――平安末期を中心に」（『立命館文学』五二一号、一九九一年）

引用史料の典拠

「青方文書」　瀬野精一郎編『松浦党関係史料集』一～四、続群書類従完成会、一九九六～二〇〇九年、第四巻のみ村井章介との共編、八木書店刊
「安宅家文書」『日置川町史　第一巻中世編』二〇〇五年
「有浦文書」　瀬野精一郎編『松浦党関係史料集』一～四、続群書類従完成会、一九九六～二〇〇九年
「イエズス会士日本通信」　村上直次郎訳・柳谷武夫編輯『イエズス会士日本通信』下、雄松堂書店、一九六九年
「イエズス会日本年報」　村上直次郎訳・柳谷武夫編輯『イエズス会日本年報』下、雄松堂書店、一九六九年
「厳島野坂文書」『広島県史　古代中世資料編Ⅱ』一九七六年
「今川仮名目録」　佐藤進一ほか編『中世法制史料集』第三巻、岩波書店、一九六五年
「因島村上文書」『愛媛県史資料編古代中世』一九八三年
「越前史料所収山本文書」『静岡県史資料編８　中世四』一九九六年
「園太暦」『園太暦』巻二、続群書類従完成会、一九七一年

「奥羽海運記」『新井白石全集』第三、吉川弘文館、一九〇六年
「応永記」『群書類従』巻三七四
「大川文書」『神奈川県史資料編3　古代・中世（3下）』一九七九年
「小田原衆所領役帳」　佐脇栄智校注『小田原衆所領役帳（戦国遺文後北条氏編別冊）』東京堂出版、一九九八年
「小浜文書」『静岡県史資料編8　中世四』一九九六年
「廻船式目」　長沼賢海「大船廻法研究」（『日本海事史研究』九州大学出版会、一九七六年）
「海東諸国紀」　田中健夫訳注『海東諸国紀――朝鮮人の見た中世の日本と琉球』岩波書店、一九九一年
「管窺武鑑」　国立公文書館内閣文庫所蔵写本
「観世音寺文書」　竹内理三編『平安遺文』第四巻、東京堂出版、一九六三年
「紀伊続風土記」　和歌山県神職取締所編・刊『紀伊続風土記』一九一〇年
「旧記雑録前編」　鹿児島県維新史料編さん所編『鹿児島県史料（旧記雑録前編1）』一九八〇年
「経覚私要鈔」『山口県史史料編　中世1』一九九六年
「宮寺縁事抄」　竹内理三編『平安遺文』第九巻、東京堂出版、一九六四年
「九鬼家由来記」　国立公文書館内閣文庫所蔵写本
「忽那家文書」『愛媛県史資料編　古代・中世』一九八三年
「来島通総一代記」　福川一徳・甲斐素純「久留島家文書（七）」（『玖珠郡史談』二六号、一九九一年）
「小早川家文書」『大日本古文書　小早川家文書』東京大学出版会
「小山家文書」『日置川町史　第一巻中世編』二〇〇五年
「榊原家所蔵文書」　東京大学史料編纂所謄写本
「小右記」　瀬野精一郎編『松浦党関係史料集』第一、続群書類従完成会、一九九六年
「増補日本汐路之記」（住田正一編『海事史料叢書』第八巻、巌松堂書店、一九三〇年）

「続日本紀」『新訂増補国史大系　続日本紀（前編・後編）』吉川弘文館、一九六九年、一九七一年
「続日本後紀」『新訂増補国史大系　続日本後紀』吉川弘文館、一九七八年
「尊経閣文庫所蔵文書」『愛媛県史資料編　古代・中世』一九八三年
「田坂道閑覚書」福川一徳・甲斐素純「久留島家文書（六）」（『玖珠郡史談』二四号、一九九〇年）
「多聞院日記」『増補続史料大成　多聞院日記』臨川書店、一九七八年
「中書家久公御上京日記」新城常三校注『神道大系文学篇五　参詣記』神道大系編纂会、一九八四年
「長秋記」『増補史料大成一七巻　長秋記二』臨川書店、一九八一年
「朝鮮王朝実録」『影印縮刷版　朝鮮王朝実録』国史編纂委員会、一九八〇年
「貞信公記」『大日本古記録　貞信公記』岩波書店、一九八四年
「土佐日記」『日本古典文学大系　土佐日記』岩波書店、一九五七年
「東寺百合文書」『愛媛県史資料編　古代・中世』一九八三年
「南海通記」『南海通記・四国軍記』歴史図書社、一九七六年
「日本紀略」『新訂増補国史大系　日本紀略前編』『新訂増補国史大系　日本紀略後編・百錬抄』吉川弘文館、二〇〇〇年
「日本三代実録」『新訂増補国史大系　日本三代実録』吉川弘文館、一九七四年
「入明諸要例」『山口県史史料編　中世1』一九九六年
「梅霖守龍周防下向日記」『山口県史史料編　中世1』一九九六年
「久木小山家文書」『日置川町史　第一巻中世編』二〇〇五年
「深堀家文書」　佐賀県史編纂委員会『佐賀県史料集成古文書編』第四巻　佐賀県立図書館、一九五九年
「福岡市総合図書館所蔵文書」（三角範子「延慶二年六月二九日付関東御教書について――河野氏関係文書の伝来・移動の一端」『七隈史学』九号、二〇〇八年）
「武家年代記裏書」『増補続史料大成　別巻』臨川書店、一九七九年

「武家万代記」 片山清校注「武家万代記」(『すみのえ』二二七〜二三四号、一九九八〜九九年)
「房顕覚書」『広島県史古代中世 資料編Ⅲ』一九七八年
「扶桑略記」『新訂増補国史大系 扶桑略記・帝王編年記』吉川弘文館、一九九九年
「譜牒余録」『内閣文庫影印叢刊 譜牒余録』上・中・下、国立公文書館内閣文庫、一九七三〜七五年
「フロイス日本史」 ルイス・フロイス著、松田毅一・川崎桃太訳『日本史』一〜一二、中央公論社、一九七七〜八〇年
「平家物語」『新日本古典文学大系 平家物語〈上〉〈下〉』岩波書店、一九九一年
「北条五代記」『改定史籍集覧』第五冊、近藤活版所、一九〇〇年、臨川書店復刻、一九八三年
「本朝世紀」『新訂増補国史大系 本朝世紀』吉川弘文館、一九九九年
「満済准后日記」『続群書類従 補遺一』続群書類従完成会
「妙法院文書」『青森県史 資料編近世1』二〇〇一年
「宗像神社文書」 竹内理三編『鎌倉遺文』第六巻、東京堂出版、一九七四年
「村上彦右衛門義清働之覚」国立公文書館内閣文庫所蔵写本
「明月記」 瀬野精一郎編『松浦党関係史料集』一、続群書類従完成会、一九九六年
「米良文書」『熊野那智大社文書』三、那智大社、一九七四年
「綿考輯録」 石田晴男ほか編『綿考輯録』第三巻、汲古書院、一九八九年
「毛利家文書」『大日本古文書 毛利家文書』東京大学出版会
「師守記」『史料纂集 師守記』第一〜第一一、続群書類従完成会、一九六八〜八二年
「屋代島村上文書」『愛媛県史資料編古代・中世』一九八三年
「老松堂日本行録」 宋希璟著、村井章介校注『老松堂日本行録——朝鮮使節の見た中世日本』岩波書店、一九八七年
「鹿苑院西国下向記」 新城常三校注『神道大系文学篇五 参詣記』神道大系編纂会、一九八四年
「早稲田大学所蔵文書」 早稲田大学図書館ホームページ『早稲田大学古典籍データベース』

あとがき

海賊なんてわけのわからないものをなぜ研究するのかとよく聞かれる。なぜと言われても困るが、きっかけはあったように思う。それは伊予国弓削島庄という小さな荘園の歴史である。弓削島庄については第四章第1節で少し触れたが、芸予諸島の東端に位置する弓削島を荘域とする東寺領荘園である。私事で恐縮であるが、じつは私は四十数年前、大学を出たての新米教師としてこの島の高校に赴任した。研究者の間では、「塩の荘園」としてそれなりに名を知られていたこの荘園のことが地元の人や高校生にはまったく知られていないことを残念に思った私は、せめて教え子の高校生には島の豊かな歴史を知ってもらいたいと思い、仕事の合間をぬって研究を始めた。

いろいろ史料に当たってみると、弓削島庄には興味深い出来事が数多くあることがわかってきたが、そのうちの一つが、室町時代の中期に荘園を解体に導く海賊の存在である。東寺に残された史料の中には、一四六二（寛正三）年ころから、東寺の僧侶たちが、荘園の現地で「濫妨《らんぼう》」を働く海賊たちを幕府に訴える文書が頻繁にみられるようになる。このように荘園で非法を働きそれを解体に導いた海賊とはどのような勢力なのか。ここから私の海賊研究が始まったように思う。ちょうど故網野善彦氏が、日本の歴史を海からの視点で見直すことの必要性を強く主張し始めたころで、網野氏からは何かと背中を押していただいた。

このようなきっかけからもわかるように私の海賊研究は、瀬戸内海の地域史研究の一環として始められ、対象としたのも村上氏など中部瀬戸内海の島々を拠点にした勢力が中心であった。研究を進めてみると、海賊村上氏の歴史はまことに興味深く、中には村上武吉のように、各地の戦国大名と結び、瀬戸内の政治状況に影響を与えるような人物もいて、その人物を中心にして一書を著したりもした（『瀬戸内の海賊』）。そのような海賊研究の過程でいつも私を悩まし続けたのは、「海賊とはなにか」という疑問である。さまざまな面貌を持って歴史上に姿をみせる海賊を統一的にとらえるのは容易ではなく、答えはなかなかみつからなかった。

そのような疑問に答えを出す方法としては、より深く史料に沈潜して正確な史料の読解に努めるという方法と、逆に目を外に向けて今までとは異なった広い視野で対象を見直してみるという方法が考えられる。本書がとったのは後者である。

海賊は戦国時代の瀬戸内海にのみ存在していたわけではない。時代的にみると、すでに平安時代から記録にみえ、その後のどの時代にも姿は絶えることはないし、地域的にみても、関東の江戸湾（東京湾）やその周辺、紀伊半島南部の熊野灘沿岸、九州西方の多島海地域などにも地域色を色濃く持った海上勢力がいた。これらを視野に入れ、瀬戸内海の海賊と比較してみると何か新しいことがわかるのではないか。これが本書のねらいである。ねらいの大きさに内容がともなっているかどうかは、読者の判断をまちたいと思う。

なお、本書の各章のうち序章、第四章、終章には、旧著での研究成果の一部を取り込み、加筆修正を施しながら再構成をした部分が含まれていることをお断りしておきたい。

執筆に当たっては多くの方々からご教示を得たが、とりわけ岡田利文氏には、藤原純友関係について貴重なアドバイスを多くいただいた。また、前著『瀬戸内の海賊』でお世話になった講談社の山崎比呂志氏には、ちょうど海賊をもう少し広い視野から見直してみたいという構想を抱き始めたころにタイミングよく声をかけていただいた。山崎氏の編集者としての要求は、才乏しい私にはいつも過大にすら思えるものであったが、それをクリアーすることによって本書はまがりなりにも新書の体をなすことができたものと思う。これらの方々のご助力に深く感謝申し上げたい。

二〇一八年四月　　　　　　　　　　山内　譲

講談社現代新書　2483

海《かい》賊《ぞく》の日《に》本《ほん》史《し》

二〇一八年六月二〇日第一刷発行

著者　山内《やまうち》　譲《ゆずる》　

発行者　渡瀬昌彦
発行所　株式会社講談社
東京都文京区音羽二丁目一二—二一　郵便番号一一二—八〇〇一
電話　〇三—五三九五—三五二一　編集（現代新書）
〇三—五三九五—四四一五　販売
〇三—五三九五—三六一五　業務
装幀者　中島英樹
印刷所　慶昌堂印刷株式会社
製本所　株式会社国宝社
定価はカバーに表示してあります　Printed in Japan

N.D.C.210　241p　18cm
ISBN978-4-06-511961-7

「講談社現代新書」の刊行にあたって

教養は万人が身をもって養い創造すべきものであって、一部の専門家の占有物として、ただ一方的に人々の手もとに配布され伝達されうるものではありません。

しかし、不幸にしてわが国の現状では、教養の重要な養いとなるべき書物は、ほとんど講壇からの天下りや単なる解説に終始し、知識技術を真剣に希求する青少年・学生・一般民衆の根本的な疑問や興味は、けっして十分に答えられ、解きほぐされ、手引きされることがありません。万人の内奥から発した真正の教養への芽ばえが、こうして放置され、むなしく滅びさる運命にゆだねられているのです。

このことは、中・高校だけで教育をおわる人々の成長をはばんでいるだけでなく、大学に進んだり、インテリと目されたりする人々の精神力の健康さえもむしばみ、わが国の文化の実質をまことに脆弱なものにしています。単なる博識以上の根強い思索力・判断力、および確かな技術にささえられた教養を必要とする日本の将来にとって、これは真剣に憂慮されなければならない事態であるといわなければなりません。

わたしたちの「講談社現代新書」は、この事態の克服を意図して計画されたものです。これによってわたしたちは、講壇からの天下りでもなく、単なる解説書でもない、もっぱら万人の魂に生ずる初発的かつ根本的な問題をとらえ、掘り起こし、手引きし、しかも最新の知識への展望を万人に確立させる書物を、新しく世の中に送り出したいと念願しています。

わたしたちは、創業以来民衆を対象とする啓蒙の仕事に専心してきた講談社にとって、これこそもっともふさわしい課題であり、伝統ある出版社としての義務でもあると考えているのです。

一九六四年四月　野間省一

日本史Ⅰ

1258 身分差別社会の真実――斎藤洋一 大石慎三郎
1265 七三一部隊――常石敬一
1292 日光東照宮の謎――高藤晴俊
1322 藤原氏千年――朧谷寿
1379 白村江――遠山美都男
1394 参勤交代――山本博文
1414 謎とき日本近現代史 野島博之
1599 戦争の日本近現代史 加藤陽子
1648 天皇と日本の起源 遠山美都男
1680 鉄道ひとつばなし――原武史
1702 日本史の考え方――石川晶康
1707 参謀本部と陸軍大学校 黒野耐
1797 「特攻」と日本人――保阪正康
1885 鉄道ひとつばなし2――原武史
1900 日中戦争――小林英夫
1918 日本人はなぜキツネにだまされなくなったのか 内山節
1924 東京裁判――日暮吉延
1931 幕臣たちの明治維新 安藤優一郎
1971 歴史と外交――東郷和彦
1982 皇軍兵士の日常生活 一ノ瀬俊也
2031 明治維新 1858-1881 坂野潤治 大野健一
2040 中世を道から読む――齋藤慎一
2089 占いと中世人――菅原正子
2095 鉄道ひとつばなし3――原武史
2098 戦前昭和の社会 1926-1945――井上寿一
2106 戦国誕生――渡邊大門
2109 「神道」の虚像と実像 井上寛司
2152 鉄道と国家――小牟田哲彦
2154 邪馬台国をとらえなおす――大塚初重
2190 戦前日本の安全保障――川田稔
2192 江戸の小判ゲーム――山室恭子
2196 藤原道長の日常生活 倉本一宏
2202 西郷隆盛と明治維新 坂野潤治
2248 城を攻める 城を守る――伊東潤
2272 昭和陸軍全史1――川田稔
2278 織田信長〈天下人〉の実像 金子拓
2284 ヌードと愛国――池川玲子
2299 日本海軍と政治――手嶋泰伸

日本史Ⅱ

2319 昭和陸軍全史3——川田稔
2328 タモリと戦後ニッポン 近藤正高
2330 弥生時代の歴史——藤尾慎一郎
2343 天下統一——黒嶋敏
2351 戦国の陣形——乃至政彦
2376 昭和の戦争——井上寿一
2380 刀の日本史——加来耕三
2382 田中角栄——服部龍二
2394 井伊直虎——夏目琢史
2398 日米開戦と情報戦——森山優
2401 愛と狂瀾のメリークリスマス 堀井憲一郎
2402 ジャニーズと日本——矢野利裕
2405 織田信長の城——加藤理文
2414 海の向こうから見た倭国 高田貫太
2417 ビートたけしと北野武 近藤正高
2428 戦争の日本古代史——倉本一宏
2438 飛行機の戦争 1914-1945——一ノ瀬俊也
2449 天皇家のお葬式——大角修
2451 不死身の特攻兵——鴻上尚史
2453 戦争調査会——井上寿一
2454 縄文の思想——瀬川拓郎
2460 自民党秘史——岡崎守恭
2462 王政復古——久住真也

世界史Ⅰ

834 ユダヤ人——上田和夫
930 フリーメイソン——吉村正和
934 大英帝国——長島伸一
968 ローマはなぜ滅んだか　弓削達
1017 ハプスブルク家——江村洋
1019 動物裁判——池上俊一
1076 デパートを発明した夫婦　鹿島茂
1080 ユダヤ人とドイツ——大澤武男
1088 ヨーロッパ「近代」の終焉——山本雅男
1097 オスマン帝国——鈴木董
1151 ハプスブルク家の女たち　江村洋
1249 ヒトラーとユダヤ人　大澤武男
1252 ロスチャイルド家　横山三四郎
1282 戦うハプスブルク家　菊池良生
1283 イギリス王室物語——小林章夫
1321 聖書vs.世界史——岡崎勝世
1442 メディチ家——森田義之
1470 中世シチリア王国——高山博
1486 エリザベスI世——青木道彦
1572 ユダヤ人とローマ帝国　大澤武男
1587 傭兵の二千年史——菊池良生
1664 新書ヨーロッパ史 中世篇　堀越孝一 編
1673 神聖ローマ帝国——菊池良生
1687 世界史とヨーロッパ　岡崎勝世
1705 魔女とカルトのドイツ史——浜本隆志
1712 宗教改革の真実——永田諒一
2005 カペー朝——佐藤賢一
2070 イギリス近代史講義——川北稔
2096 モーツァルトを「造った」男——小宮正安
2281 ヴァロワ朝——佐藤賢一
2316 ナチスの財宝——篠田航一
2318 ヒトラーとナチ・ドイツ　石田勇治
2442 ハプスブルク帝国——岩﨑周一

世界史Ⅱ

959 東インド会社――浅田實
971 文化大革命――矢吹晋
1085 アラブとイスラエル 高橋和夫
1099 「民族」で読むアメリカ 野村達朗
1231 キング牧師とマルコムX 上坂昇
1306 モンゴル帝国の興亡〈上〉――杉山正明
1307 モンゴル帝国の興亡〈下〉――杉山正明
1366 新書アフリカ史――宮本正興 松田素二 編
1588 現代アラブの社会思想 池内恵
1746 中国の大盗賊・完全版――高島俊男
1761 中国文明の歴史――岡田英弘
1769 まんが パレスチナ問題 山井教雄
1811 歴史を学ぶということ 入江昭
1932 都市計画の世界史――日端康雄
1966 〈満洲〉の歴史――小林英夫
2018 古代中国の虚像と実像 落合淳思
2025 まんが 現代史――山井教雄
2053 〈中東〉の考え方――酒井啓子
2120 居酒屋の世界史――下田淳
2182 おどろきの中国 橋爪大三郎 大澤真幸 宮台真司
2189 世界史の中のパレスチナ問題 臼杵陽
2257 歴史家が見る現代世界 入江昭
2301 高層建築物の世界史 大澤昭彦
2331 続 まんが パレスチナ問題 山井教雄
2338 世界史を変えた薬 佐藤健太郎
2345 鄧小平――エズラ・F・ヴォーゲル 聞き手＝橋爪大三郎
2386 〈情報〉帝国の興亡――玉木俊明
2409 〈軍〉の中国史――澁谷由里
2410 入門 東南アジア近現代史 岩崎育夫
2445 珈琲の世界史――旦部幸博
2457 世界神話学入門――後藤明
2459 9・11後の現代史 酒井啓子

哲学・思想Ⅰ

66 哲学のすすめ――岩崎武雄
159 弁証法はどういう科学か 三浦つとむ
501 ニーチェとの対話――西尾幹二
871 言葉と無意識――丸山圭三郎
898 はじめての構造主義 橋爪大三郎
916 哲学入門一歩前――廣松渉
921 現代思想を読む事典 今村仁司 編
977 哲学の歴史――新田義弘
989 ミシェル・フーコー 内田隆三
1001 今こそマルクスを読み返す 廣松渉
1286 哲学の謎――野矢茂樹
1293 「時間」を哲学する――中島義道
1315 じぶん・この不思議な存在――鷲田清一
1357 新しいヘーゲル――長谷川宏
1383 カントの人間学――中島義道
1401 これがニーチェだ――永井均
1420 無限論の教室――野矢茂樹
1466 ゲーデルの哲学――高橋昌一郎
1575 動物化するポストモダン 東浩紀
1582 ロボットの心――柴田正良
1600 ハイデガー＝存在神秘の哲学――古東哲明
1635 これが現象学だ――谷徹
1638 時間は実在するか 入不二基義
1675 ウィトゲンシュタインはこう考えた 鬼界彰夫
1783 スピノザの世界――上野修
1839 読む哲学事典――田島正樹
1948 理性の限界――高橋昌一郎
1957 リアルのゆくえ――大塚英志 東浩紀
1996 今こそアーレントを読み直す――仲正昌樹
2004 はじめての言語ゲーム――橋爪大三郎
2048 知性の限界――高橋昌一郎
2050 超解読！ はじめてのヘーゲル『精神現象学』 竹田青嗣 西研
2084 はじめての政治哲学 小川仁志
2099 超解読！ はじめてのカント『純粋理性批判』 竹田青嗣
2153 感性の限界――高橋昌一郎
2169 超解読！ はじめてのフッサール『現象学の理念』――竹田青嗣
2185 死別の悲しみに向き合う――坂口幸弘
2279 マックス・ウェーバーを読む――仲正昌樹

哲学・思想Ⅱ

13 論語──貝塚茂樹
285 正しく考えるために 岩崎武雄
324 美について──今道友信
1007 日本の風景・西欧の景観──オギュスタン・ベルク 篠田勝英 訳
1123 はじめてのインド哲学 立川武蔵
1150 「欲望」と資本主義──佐伯啓思
1163 「孫子」を読む──浅野裕一
1247 メタファー思考──瀬戸賢一
1248 20世紀言語学入門 加賀野井秀一
1278 ラカンの精神分析──新宮一成
1358 「教養」とは何か──阿部謹也
1436 古事記と日本書紀 神野志隆光
1439 〈意識〉とは何だろうか 下條信輔
1542 自由はどこまで可能か 森村進
1544 倫理という力──前田英樹
1560 神道の逆襲──菅野覚明
1741 武士道の逆襲──菅野覚明
1749 自由とは何か──佐伯啓思
1763 ソシュールと言語学──町田健
1849 系統樹思考の世界──三中信宏
1867 現代建築に関する16章 五十嵐太郎
2009 ニッポンの思想──佐々木敦
2014 分類思考の世界──三中信宏
2093 ウェブ×ソーシャル×アメリカ 池田純一
2114 いつだって大変な時代──堀井憲一郎
2134 いまを生きるための思想キーワード──仲正昌樹
2155 独立国家のつくりかた 坂口恭平
2167 新しい左翼入門──松尾匡
2168 社会を変えるには──小熊英二
2172 私とは何か──平野啓一郎
2177 わかりあえないことから 平田オリザ
2179 アメリカを動かす思想 小川仁志
2216 まんが 哲学入門──森岡正博 寺田にゃんこふ
2254 教育の力──苫野一徳
2274 現実脱出論──坂口恭平
2290 闘うための哲学書──小川仁志 萱野稔人
2341 ハイデガー哲学入門 仲正昌樹
2437 ハイデガー『存在と時間』入門──轟孝夫

世界の言語・文化・地理

958 英語の歴史——中尾俊夫
987 はじめての中国語——相原茂
1025 J・S・バッハ——礒山雅
1073 はじめてのドイツ語 福本義憲
1111 ヴェネツィア——陣内秀信
1183 はじめてのスペイン語 東谷穎人
1353 はじめてのラテン語 大西英文
1396 はじめてのイタリア語 郡史郎
1446 南イタリアへ!——陣内秀信
1701 はじめての言語学 黒田龍之助
1753 中国語はおもしろい 新井一二三
1949 見えないアメリカ——渡辺将人
2081 はじめてのポルトガル語 浜岡究
2086 英語と日本語のあいだ 菅原克也
2104 国際共通語としての英語 鳥飼玖美子
2107 野生哲学——管啓次郎 小池桂一
2158 一生モノの英文法——澤井康佑
2227 アメリカ・メディア・ウォーズ——大治朋子
2228 フランス文学と愛——野崎歓
2317 ふしぎなイギリス——笠原敏彦
2353 本物の英語力——鳥飼玖美子
2354 インド人の「力」——山下博司
2411 話すための英語力 鳥飼玖美子

政治・社会

1145 冤罪はこうして作られる 小田中聰樹

1201 情報操作のトリック 川上和久

1488 日本の公安警察——青木理

1540 戦争を記憶する——藤原帰一

1742 教育と国家——高橋哲哉

1965 創価学会の研究——玉野和志

1977 天皇陛下の全仕事——山本雅人

1978 思考停止社会——郷原信郎

1985 日米同盟の正体——孫崎享

2068 財政危機と社会保障——鈴木亘

2073 リスクに背を向ける日本人 山岸俊男 メアリー・C・ブリントン

2079 認知症と長寿社会——信濃毎日新聞取材班

2115 国力とは何か——中野剛志

2117 未曾有と想定外——畑村洋太郎

2123 中国社会の見えない掟 加藤隆則

2130 ケインズとハイエク 松原隆一郎

2135 弱者の居場所がない社会 阿部彩

2138 超高齢社会の基礎知識 鈴木隆雄

2152 鉄道と国家——小牟田哲彦

2183 死刑と正義——森炎

2186 民法はおもしろい——池田真朗

2197 「反日」中国の真実——加藤隆則

2203 ビッグデータの覇者たち——海部美知

2246 愛と暴力の戦後とその後——赤坂真理

2247 国際メディア情報戦——高木徹

2294 安倍官邸の正体——田﨑史郎

2295 福島第一原発事故 7つの謎 NHKスペシャル『メルトダウン』取材班

2297 ニッポンの裁判——瀬木比呂志

2352 警察捜査の正体——原田宏二

2358 貧困世代——藤田孝典

2363 下り坂をそろそろと下る 平田オリザ

2387 憲法という希望——木村草太

2397 老いる家 崩れる街 野澤千絵

2413 アメリカ帝国の終焉 進藤榮一

2431 未来の年表——河合雅司

2436 縮小ニッポンの衝撃 NHKスペシャル取材班

2439 知ってはいけない——矢部宏治

2455 保守の真髄——西部邁

宗教

27 禅のすすめ——佐藤幸治
135 日蓮——久保田正文
217 道元入門——秋月龍珉
606 「般若心経」を読む——紀野一義
667 生命《いのち》あるすべてのものに　マザー・テレサ
698 神と仏——山折哲雄
997 空と無我——定方晟
1210 イスラームとは何か——小杉泰
1469 ヒンドゥー教　クシティ・モーハン・セーン　中川正生 訳
1609 一神教の誕生——加藤隆
1755 仏教発見！——西山厚
1988 入門　哲学としての仏教　竹村牧男
2100 ふしぎなキリスト教——橋爪大三郎　大澤真幸
2146 世界の陰謀論を読み解く——辻隆太朗
2159 古代オリエントの宗教　青木健
2220 仏教の真実——田上太秀
2241 科学 vs. キリスト教——岡崎勝世
2293 善の根拠——南直哉
2333 輪廻転生——竹倉史人
2337 『臨済録』を読む——有馬頼底
2368 「日本人の神」入門——島田裕巳

©

文学

2 光源氏の一生——池田弥三郎
180 美しい日本の私——川端康成 サイデンステッカー
1026 漢詩の名句・名吟——村上哲見
1208 王朝貴族物語——山口博
1501 アメリカ文学のレッスン——柴田元幸
1667 悪女入門——鹿島茂
1708 きむら式 童話のつくり方——木村裕一
1743 漱石と三人の読者——石原千秋
1841 知ってる古文の知らない魅力——鈴木健一
2029 決定版 一億人の俳句入門 長谷川櫂
2071 村上春樹を読みつくす 小山鉄郎
2209 今を生きるための現代詩 渡邊十絲子
2323 作家という病——校條剛
2356 ニッポンの文学——佐々木敦
2364 我が詩的自伝——吉増剛造

自然科学・医学

- 1141 安楽死と尊厳死——保阪正康
- 1328 「複雑系」とは何か——吉永良正
- 1343 カンブリア紀の怪物たち　サイモン・コンウェイ・モリス　松井孝典 監訳
- 1500 科学の現在を問う　村上陽一郎
- 1511 優生学と人間社会——米本昌平 松原洋子 橳島次郎 市野川容孝
- 1689 時間の分子生物学——粂和彦
- 1700 核兵器のしくみ——山田克哉
- 1706 新しいリハビリテーション　大川弥生
- 1786 数学的思考法——芳沢光雄
- 1805 人類進化の700万年　三井誠
- 1813 はじめての〈超ひも理論〉　川合光
- 1840 算数・数学が得意になる本　芳沢光雄
- 1861 〈勝負脳〉の鍛え方——林成之
- 1881 「生きている」を見つめる医療——中村桂子 山岸敦
- 1891 生物と無生物のあいだ　福岡伸一
- 1925 数学でつまずくのはなぜか　小島寛之
- 1929 脳のなかの身体——宮本省三
- 2000 世界は分けてもわからない　福岡伸一
- 2023 ロボットとは何か——石黒浩
- 2039 ソーシャルブレインズ入門　藤井直敬
- 2097 〈麻薬〉のすべて——船山信次
- 2122 量子力学の哲学——森田邦久
- 2166 化石の分子生物学——更科功
- 2191 DNA医学の最先端　大野典也
- 2204 森の力——宮脇昭
- 2219 宇宙はなぜこのような宇宙なのか——青木薫
- 2226 宇宙生物学で読み解く「人体」の不思議——吉田たかよし
- 2244 呼鈴の科学——吉田武
- 2262 生命誕生——中沢弘基
- 2265 SFを実現する——田中浩也
- 2268 生命のからくり——中屋敷均
- 2269 認知症を知る——飯島裕一
- 2292 認知症の「真実」——東田勉
- 2359 ウイルスは生きている　中屋敷均
- 2370 明日、機械がヒトになる　海猫沢めろん
- 2384 ゲノム編集とは何か　小林雅一
- 2395 不要なクスリ 無用な手術　富家孝
- 2434 生命に部分はない——A・キンブレル 福岡伸一 訳

P